1940년 9월, 본회퍼의 행동이 국민을 분열시킨다는 이유로 일반 금지 조치를 당하다. 관할 경찰서에 주소지 신고 의무를 부과받다.

1941년 10월, 베를린에서 유대인이 추방당하기 시작하자, 이들을 방첩대 요원으로 위장해 구출하는 "작전7"을 수행하다.

1943년 1월 13일, 37세에 마리아 폰 베데마이어와 약혼하다.

4월 5일, 게슈타포의 가택수색으로 한스 폰 도나니 부부, 요제프 뮐러 부부와 함께 체포되다.

1944년 1월, 수사책임자 뢰더가 교체되어 기소가 무기한 연기되다.

7월 20일, 슈타우펜베르크가 히틀러 암살을 시도하다.

9월 22일, 게슈타포 수사관 존더레거가 초센 방첩대 방공호에서 히틀러의 범죄성을 입증할 증거자료로 보관하던 문서철을 적발하다.

10월, 프린츠-알브레히트-슈트라세 게슈타포 지하 감옥으로 이송되다.

1945년 2월 7일, 부헨발트 강제수용소로 이송되다.

4월 3일, 부헨발트에서 레겐스부르크로 이송되다.

4월 6일, 쇤베르크(바이에른 삼림지대)로 이송되다. 이틀 뒤 플로센뷔르크로 이송되어, 야간에 즉결재판을 받다.

4월 8일, 플로센뷔르크로 이송되어, 야간에 즉결재판을 받다.

4월 9일 새벽, 플로센뷔르크 강제수용소에서 39세의 나이로 교수형에 처해지다. "이로써 끝입니다. 하지만, 나에게는 삶의 시작입니다"라는 마지막 말을 남기고 떠난 그의 묘비에 "디트리히 본회퍼, 그의 형제들 가운데 서 있는 예수 그리스도의 증인"이라는 비문이 새겨지다.

1951년 9월, 뮌헨의 카이저 출판사가 유고 문서집 『옥중서신 — 저항과 복종 Widerstand und Ergebung』을 출간하다.

1996년 8월 1일, 베를린 지방법원이 본회퍼의 복권 탄원건에 대해 "본회퍼의 행동은 결코 국가를 위태롭게 할 의도가 아니었으며, 오히려 나치의 폐해로부터 국가와 국민을 구한 행동이었다"는 취지로 판결하다.

### 복 있는 사람

오직 여호와의 율법을 즐거워하여 그 율법을 주야로 묵상하는 자로다.
저는 시냇가에 심은 나무가 시절을 좇아 과실을 맺으며 그 잎사귀가 마르지 아니함 같으니
그 행사가 다 형통하리로다. (시편 1:2-3)

이 책에서 본회퍼는 "기도는 배워야 하는 것이다"라고 일갈한다. 또한 "진정한 기도는 모두 주기도에 속하고, 주기도에 속하지 않는 것은 기도가 아니다"라고 단언한다. 본회퍼에게 시편은 그리스도께서 드리신 기도이며, 따라서 시편은 그 내용과 지향에 있어서 주기도와 같다. 그리스도인들은 시편을 읽으며 기도를 배우고 그리스도를 만난다. 그리고 기도를 통해 그리스도를 닮아 간다. 진실로 그렇다. 기도가 변하면 사람이 변한다. 이 책은 시편을 통해 그리스도를 만나고, 그분과 함께 기도하여 그분을 닮아 가는 길을 제시한다. 본회퍼 자신이 그 길로 갔듯이 말이다.

**김영봉 와싱톤사귐의교회 담임목사**

시편은 노래로 된 토라이자, 노래로 된 구속사이다. 시편의 기도자는 이상화된 이스라엘 백성이다. 시편이 그리는 이상화된 이스라엘 백성은 하나님께 택함받은 종이자 왕이지만 굴욕과 고난을 겪고, 마침내 궁극적인 신원과 승귀를 경험하는 인물인 다윗에 의해 대표된다. 따라서 시편은 다윗 개인의 시편이면서 이스라엘 민족의 시편이다. 그런데 이 다윗 왕이 미리 내다본 이상적인 이스라엘 왕은 바로 예수 그리스도이시다. 이 책에서 본회퍼는 마르틴 루터의 독법을 따라, 시편을 그리스도께서 선조들의 입을 통해 드리신 기도로 읽는다. 그가 시편에서 찾아내는 그리스도는, 굴욕과 고난과 박해와 죽음으로 쇠잔해 가는 하나님의 백성을 붙들고 그들을 대신해 기도드리는 자비롭고 지극한 대제사장이시다. 시편 입문서인 이 책은 시편을 관통하는 주제가 이스라엘을 용서하시고 구원하시고 회복시키시는 하나님의 이신칭의의 은혜임을 잘 밝히고 있다. 아울러 이 책은 당시 나치의 만행으로 죽음의 벼랑 끝으로 내몰린 교회와 그리스도인들, 동료들을 위한 본회퍼의 제사장적 영성이 깊이 느껴지는 귀중한 작품이다.

**김회권 숭실대학교 기독교학과 교수**

작지만 아름답게 완성된 이 책은 본회퍼가 어떻게 극한의 때에도 그리스도에 대한 믿음을 지킬 수 있었는지 증언한다.

**엘런 데이비스 듀크 대학교 신학대학원 석좌교수**

이 책은 지난 수십 년 동안 그리스도인들이 마음을 다하여, 정직하고 대담하게 하나님께 기도드리도록 도왔으며, 앞으로도 계속 그렇게 할 것이다.

**데이비드 테일러 풀러 신학교 신학과 교수**

# 성경의 기도서—시편 개론

Dietrich Bonhoeffer

# Das Gebetbuch der Bibel—Eine Einführung in die Psalmen

# Dietrich Bonhoeffer

# 성경의 기도서 — 시편 개론

# Das Gebetbuch der Bibel — Eine Einführung in die Psalmen

디트리히 본회퍼 지음

김순현 옮김

복 있는 사람

성경의 기도서—시편 개론

2023년 1월 27일 초판 1쇄 인쇄
2023년 2월 10일 초판 1쇄 발행

지은이 디트리히 본회퍼
옮긴이 김순현
펴낸이 박종현

(주) 복 있는 사람
주소    서울특별시 마포구 연남동 246-21(성미산로23길 26-6)
전화    02-723-7183(편집), 7734(영업·마케팅)
팩스    02-723-7184
이메일  hismessage@naver.com
등록    1998년 1월 19일 제1-2280호

ISBN   979-11-92675-42-8  04230

# 차례

009   서론
017   시편의 기도자
022   명칭, 음악, 시구의 형식
025   예배와 시편
027   시편 기도의 주요 주제

      부록
057   아버지의 나라가 오게 하소서 1932년
082   시편 119편 묵상 1939/1940년

149   주
151   찾아보기

## 일러두기

**1.** 이 책은 크리스티안 카이저 출판사에서 간행된 본회퍼 전집 5권(Dietrich Bonhoeffer, Gesammelte Schriften, Bd. 5) 중 Das Gebetbuch der Bibel을 번역한 것이며, 번역 저본은 단행본으로 출간된 MBK-Verlag 판(1940)이다.

**2.** 이 책의 성경 인용은 『새번역』을 따랐으나, 이해를 돕기 위해 저자의 '사역'을 옮긴이가 번역한 구절은 별도 표시했다.

**3.** 이 책에서 '편집자'는 디트리히 본회퍼의 유고를 편집한 그의 제자이자 친구 에버하르트 베트게를 가리키며, 별도의 표시가 없는 주는 모두 베트게의 주이다.

**4.** 부록에는 카이저판 본회퍼 전집 중 내용 면에서 이 책과 관련이 있는 글인 "아버지의 나라가 오게 하소서"(Dein Reich komme![1932], Gesammelte Schriften, Bd. 3, 270-285)의 일부와 미완성으로 남은 "시편 119편 묵상"(Meditationen über Psalm 119[1939/40], Gesammelte Schriften Bd. 4, 505-543)을 실었다.

# 서론

"주님, 우리에게 기도를 가르쳐 주십시오!"[1] 이것은 제자들이 예수께 드린 간청이다. 이로써 그들은 스스로 기도할 수 없음을 고백한 셈이다. 그들은 기도를 배우지 않으면 안 된다는 것이다. 기도를 배운다는 것, 이는 모순된 말처럼 들린다. 흔히 마음이 벅차면 자연히 기도하게 된다거나, 마음은 기도를 배우지 않아도 된다고 한다. 하지만 그런 생각은 오늘날 기독교 안에 널리 유포되어 있는 중대한 오해에 지나지 않는다. 이를테면 우리 마음은 기도하는 능력을 타고났다는 것인데, 이는 소원, 희망, 탄식, 푸념, 환호—이 모든 것은 우리 마음이 스스로 할 수 있는 것들이다—를 기도로 잘못 생각하는 것일 뿐이다. 그리되면 우리는 땅과 하늘, 인간과 하나님을 혼동하게 된다. 기도는 단지 마음을 털어놓는 것이 아니다. 기도는 충만한 마음이나 텅 빈 마음으로 하나님께 나아가는 길을 찾아 그분과 대화하는 것이다. 기도는 인간 스스로 할 수 있는 일이 아니다. 기도하기 위해서 인간은 예수 그리스도가 필요하다.

　　제자들은 기도를 원하지만, 어떻게 기도해야 할지를 모른다. 이는 커다란 고통이 아닐 수 없다. 하나님과 대화하고 싶은데 그리할 수 없다. 그저 하나님 앞에 잠자코 있어야 한다. 모든 외침이 자기 안에서 맴돌고, 마음과 입이 하나님이 듣지 않으실 어리석은 말만 내뱉고 있음을 느낄 뿐이다. 이러한 곤경에 처하면 우리는 우리를 도와줄 사람, 기도를 조금이라도 아는 사람을 찾게 마련이다. 기도를 아는 사람이 우리를 자신의 기도문에 담고, 우리가 그 기도문으로 함께 기도할 수 있다면 도움이 되지 않겠는가! 물론 경험 많은 그리스도인들이 우리에게 도움을 줄 수도 있지만, 그들 역시 예수 그리스도를 통해서만 그리할 수 있다. 그들이 기도의 참 교사가 되려면 예수 그리스도께서 그들을 도우셔야 하고, 그들은 우리에게 그분을 가리켜 보여야 한다. 예수 그리스도께서 우리를 자신의 기도 안에 받아들이시고, 우리가 그분의 기도를 함께 드릴 수 있도록 허락하신다면, 그분이 하나님께 나아가는 길로 우리를 데려가서 우리에게 기도를 가르쳐 주신다면, 우리는 기도의 상실이란 괴로움에서 놓여나게 될 것이다. 이것이야말로 예수 그리스도께서 바라시는 바다. 그분이 우리와 함께 기도하기를 원하시므로, 우리는 그분의 기도를 함께 드리며 하나님이 우리의 기도를 들으신다는 확신 가운데 기뻐할 수 있다. 우리의 의지, 곧 우리의 온 마음이 그리스도의 기도에 담길 때, 우리의 기도는 바른 기도가 된다. 우리는 오직 예수 그리스도 안에서만 기도할 수 있으며, 그분이 우리와 함께할 때 우리의 기도는 상달된다.

그러므로 우리는 기도를 배우지 않으면 안 된다. 자녀들은 아버지가 하는 말씀을 듣고 말하는 법을 배운다. 자녀들은 아버지의 언어를 배운다. 이와 같이 우리는 하나님께 말하는 법을 배운다. 하나님이 우리에게 말씀하셨고 지금도 그리하시기 때문이다. 하나님의 자녀들은 하늘 아버지의 언어로 그분과 대화하는 법을 배운다. 우리는 하나님의 말씀을 따라 말하면서 그분에게 기도하기 시작한다. 우리는 우리 마음의 그릇되고 혼란스런 언어가 아니라, 하나님이 예수 그리스도 안에서 우리에게 말씀하신 분명하고 순수한 언어로 하나님께 아뢰어야 한다. 그분은 그런 우리의 기도를 듣고 싶어 하신다.

우리는 하나님이 예수 그리스도 안에서 말씀하신 언어를 성경 안에서 만난다. 우리가 확신에 차서 기쁘게 기도하기 원한다면, 성경의 말씀을 우리 기도의 확고한 기초로 삼아야 한다. 여기서 우리는 하나님의 말씀이신 예수 그리스도가 우리에게 기도를 가르치고 계심을 알게 된다. 하나님으로부터 오는 말씀이 계단이 되고, 우리는 그 계단을 차근차근 밟아 하나님께 다다른다.

성경 가운데는 오직 기도만 담고 있어서 다른 모든 책들과 구별되는 책이 하나 있다. 그것은 바로 시편이다. 성경에 기도서가 들어 있다는 것은 대단히 놀라운 사실이다. 성경은 우리에게 건네는 하나님의 말씀이다. 하지만 기도는 인간의 말이다. 인간의 말이 어떻게 성경 안에 들게 되었는가? 우리는 다음의 사실에 당황해선 안 된다. 이를테면 성경은 하나님의 말씀이며, 시편 역시 그러하다는 것이다. 그렇다면 하나님께 드리는 이 기도들이 하나님 자신의 말씀이란 말인가? 이는 이해하기 어렵게 들릴 것이다. 우리는 이 말을 다음과 같은 경우에만 납득할 수 있다. 즉, 올바른 기도는 예수 그리스도에게서만 배울 수 있으며, 따라서 그 기도는 우리 인간과 함께 사시는 하나님의 아들이 영원히 살아 계시는 아버지 하나님께 드리는 말씀이라고 생각하는 것이다. 예수 그리스도는 인간의 모든 곤경과 기쁨, 갖가지 감사, 갖가지 희망을 하나님 앞에 가져가신다. 인간의 말이 그분의 입에 담기면 그것은 하나님의 말씀이 된다. 그리고 우리가 그분의 기도를 함께 드리면, 하나님의 말씀이 다시 인간의 말이 된다. 따라서 성경의 모든 기도는 우리가 예수 그리스도와 함께 드리는 기도가 된다. 예수 그리스도는 우리를 그 기도 안으로 받아들이시고, 그 기도를 통해 우리를 하나님 앞으로 데려가신다. 그렇지 않다면 그 기도는 올바른 기도라고 할 수 없다. 우리는 예수 그리스도 안에서만, 그리고 예수 그리스도를 통해서만 올바른 기도를 드릴 수 있기 때문이다.

우리가 성경의 기도, 특히 시편을 낭송하면서 기도하고자 한다면, 시편과 우리의 관계가 아니라, 시편과 예수 그리스도의 관계를 먼저 물어야 한다. 어째서 시편이 하나님의 말씀으로 이해될 수 있는지 물어야 한다. 그런 뒤에야 비로소 시편을 함께 기도할 수 있게 된다. 우리가 지금 마음속으로 느끼는 바를 시편이 정확히 표현하고 있는가의 여부는 중요하지 않다. 아마도 올바른 기도를 드리기 위해서는 우리 자신의 마음을 거스르는 것이 필요할 것이다. 우리의 기도가 무엇을 바라는가는 중요하지 않다. 중요한 것은 하나님이 우리에게서 어떤 기도를 받고 싶어 하시는가이다. 우리가 우리 자신에게만 초점을 맞춰 기도한다면, 그것은 단지 주기도문의 네 번째 간구²만 아뢰는 셈이 되고 말 것이다. 그러나 하나님은 더 나은 것을 바라신다. 우리 마음의 빈곤이 아니라, 하나님 말씀의 풍요함이 우리의 기도를 규정해야 한다.

　　이와 같이 성경이 기도서를 포함하고 있다면, 여기서 우리는 다음의 사실을 알게 된다. 즉, 하나님의 말씀에는 그분이 우리에게 하시려는 말씀뿐 아니라, 우리에게서 듣고자 하시는 말씀도 담겨 있다는 것이다. 하나님이 우리에게서 듣고자 하시는 말씀은, 그분이 사랑하시는 아들의 말씀이기 때문이다. 우리가 그분과 대화하고 사귐을 가질 수 있는 것만큼이나, 하나님이 우리에게 말씀하신다는 사실은 크나큰 은총이다. 우리는 예수 그리스도의 이름으로 기도함으로써 그리할 수 있다. 시편이 우리에게 주어진 것은, 우리로 하여금 시편 기도를 예수 그리스도의 이름으로 드리는 법을 배우도록 하려는 것이다.

예수께서는 제자들의 간청을 듣고 그들에게 주기도문[3]을 주셨다. 주기도문에는 모든 기도가 담겨 있다. 주기도문의 간구들 가운데 드는 기도가 올바른 기도이고, 그렇지 않다면 기도가 아니다. 성경의 모든 기도가 주기도문에 요약되어 있다. 주기도문은 그 폭이 헤아릴 수 없을 만큼 넓어서 성경의 모든 기도를 수용한다. 그러나 주기도문은 성경의 기도들을 불필요한 것으로 만들지 않는다. 오히려 그것들은 주기도문이 모든 기도의 절정이자 종합이라는 듯이 주기도문을 한없이 풍요롭게 해준다. 루터는 시편을 두고 다음과 같이 말했다. "시편은 주기도문을 끌어당기고, 주기도문은 시편을 끌어당긴다. 이는 우리로 하여금 하나를 토대로 다른 하나를 매우 정확히 이해할 수 있게 하려는 것이자, 둘을 기꺼이 조화시킬 수 있도록 하려는 것이다." 이처럼 주기도문은 우리가 예수 그리스도의 이름으로 기도하는지, 아니면 자기 이름으로 기도하는지를 판가름하는 시금석이 된다. 시편이 우리의 신약성경에 수

용되어 그것과 연결되어 있다는 사실도 상당한 의미가 있다.
시편은 예수 그리스도 공동체의 기도서이며, 주기도문에 속
하는 기도서다.

# 시편의 기도자

백오십 편의 시편 중에서 일흔세 편은 다윗 왕의 것으로, 열두 편은 다윗이 세운 명창 아삽의 것으로, 열두 편은 다윗 밑에서 일하던 레위 지파 가인歌人 가문 고라 자손의 것으로 알려져 있다. 그리고 두 편은 솔로몬 왕의 것으로 알려져 있는데, 각각 다윗과 솔로몬의 치세에 활동한 것으로 추정되는 악장樂匠 헤만과 에단이 지은 것 같다. 그러므로 다윗의 이름이 특별히 시편과 연관되는 것은 당연한 일이라고 하겠다.

　　다윗은 비밀리에 왕으로 기름 부음을 받은 후, 하나님에게 버림받고 악한 영에 사로잡혀 괴로워하던 사울 왕의 부름을 받아 그 앞에서 수금을 탔다고 성경은 기록한다. "하나님이 보내신 악한 영이 사울에게 내리면, 다윗이 수금을 들고 와서 손으로 탔고, 그때마다 사울에게 내린 악한 영이 떠났고,

17

사울은 제정신이 들었다."<sup>삼상 16:23</sup> 바로 이때부터 다윗이 시편을 쓰기 시작했던 것 같다. 그는 왕으로 기름 부음을 받을 때 자기 위에 내린 하나님의 영의 능력 가운데 노래를 불러 악령을 몰아냈다. 그가 기름 부음을 받기 이전에 쓴 시편은 단 한 편도 전해지지 않는다. 메시아 왕으로 부름받은 사람—약속의 왕 예수 그리스도는 그의 후손이어야 했다—이 노래로 기도했고, 그 노래들이 나중에 성경의 정경에 수용된 것이다.

성경의 증언대로 다윗은 하나님이 택하신 백성의 기름 부음 받은 왕이자 예수 그리스도의 예표<sup>豫表</sup>다. 그에게 일어난 일은, 그의 안에 계시고 그에게서 나실 분 때문에, 곧 예수 그리스도 때문에 일어난 것이다. 그는 이를 알고 있었다. "그는 예언자이므로, 그의 후손 가운데서 한 사람을 그의 왕좌에 앉히시겠다고 하나님이 맹세하신 것을 알고 있었습니다. 그래서 그는 그리스도의 부활을 미리 내다보고 말하였습니다."<sup>행 2:30 이하</sup> 다윗은 자신의 직무와 삶과 말로써 그리스도를 증언했다. 심지어 신약성경은 이보다 더한 것도 말한다. 즉, 다윗의 시편에서는 약속의 그리스도 자신이,<sup>히 2:12, 10:5</sup> 달리 칭해도 된다면, 성령이 말씀하신다.<sup>히 3:7</sup> 이와 같이 다윗이 했던 말들은 미래의 메시아가 다윗 안에서 미리 말씀하신 것이다. 다윗의 기도는 그리스도께서 함께 드리신 기도다. 아니, 그리스도께서 자신의 선조 다윗 안에서 친히 드리신 기도다.

짤막하긴 하지만 이와 같은 신약성경의 시편 언급은 시편 전체에 의미심장한 빛을 던진다. 즉, 그것은 시편 전체를 그리스도와 관련시킨다. 이를 어떻게 세부적으로 이해할 수 있는지는 더 숙고할 필요가 있다. 우리에게 중요한 것은, 다윗도 벅찬 마음으로 기도했음은 물론, 자기 안에 거하시는 그리스도에게 기대어 기도했다는 사실이다. 다윗의 시편에서 기도하는 이는 물론 다윗 자신이지만, 그리스도께서 다윗 안에서 그리고 그와 함께 기도하신 것이기도 하다. 노년의 다윗은 이를 다음과 같이 신비스럽게 표현한다. "이새의 아들 다윗이 말한다. 야곱의 하나님이 기름 부어 세우신 왕, 이스라엘에서 아름다운 시를 읊는 사람이 말한다. 주님의 영이 나를 통하여 말씀하시니, 그의 말씀이 나의 혀에 담겼다." 그러고는 장차 오실 정의의 왕 예수 그리스도에 대한 마지막 예언을 한다.<sup>삼하 23:1 이하</sup>

이로써 우리는 앞서 얻은 인식에 다시 이르게 되었다. 물론 모든 시편을 다윗이 지은 것은 아니다. 그리고 신약성경에는 그리스도가 시편을 온전히 읊으시는 대목이 한 군데도 나오지 않는다. 그렇지만 위의 암시들은 다윗의 이름과 결부된 모든 시편에 매우 중요한 의미를 갖는다. 예수는 시편 전체를 두고서, 그것이 자신의 죽음과 부활과 복음의 선포를 알렸다고 말씀하신다.눅 24:44 이하

한 인간과 예수 그리스도가 동시에 시편으로 기도하는 것이 어떻게 가능한가? 인간의 모든 약함을 자신의 육체에 짊어지신 분, 하나님 앞에 온 인류의 속마음을 털어놓으시는 분, 우리를 대신하여 우리를 위해 기도하시는 분은 다름 아닌 인간이 되신 하나님의 아들이다. 그분은 고통과 아픔, 죄책과 죽음을 우리보다 더 깊이 인식하셨다. 여기서 하나님 앞에 상달되는 기도는 그리스도가 입으신 인간 본성의 기도다. 그것은 사실상 우리의 기도다. 그러나 그리스도는 우리를 우리 자신보다 더 잘 아시고, 우리를 도우시는 참 인간이시기에, 그 기도는 사실상 그분의 기도이기도 하다. 그리고 그것이 그분의 기도이기 때문에 또한 우리의 기도가 될 수 있다.

누가 시편으로 기도하는가? 다윗솔로몬, 아삽 등이 기도하고, 그리스도가 기도하며, 우리가 기도한다. 여기서 우리란 시

편의 풍요함을 온전히 낭송할 수 있는 공동체 전체를 의미하고, 결국은 그리스도와 그분의 공동체에 참여해 공동체의 기도를 함께 드리는 모든 개인을 의미하기도 한다. 다윗, 그리스도, 공동체, 그리고 나 자신이 기도한다. 그리고 우리가 이 모든 것을 함께 숙고한다면 우리에게 기도를 가르치기 위해 하나님이 걸어가신 놀라운 길을 깨닫게 될 것이다.

# 명칭, 음악, 시구의 형식

시편의 히브리어 제목[4]은 '찬송들'이란 뜻이다. 시편 72편 20절은 그 이전의 모든 시편을 "다윗의 기도"라고 부른다. 양자는 우리를 당혹스럽게 하지만, 이는 이해할 만한 것이다. 사실 시편은 얼핏 보기에도 오로지 찬송만 담고 있는 것도 아니고, 기도만 담고 있는 것도 아니다. 교훈 시편이나 탄식 시편도 엄밀히 말하면 찬송이다. 이 시편들은 궁극적으로 하나님의 영광을 찬양하기 때문이다. 그리고 하나님께 말을 건네지 않는 시편들예컨대 1, 2, 78편 역시 기도로 불릴 수 있다. 그 시편들에서도 하나님의 생각과 하나님의 뜻 안에 침잠하기 때문이다. 'Psalter'[5]란 말은 본래 악기를 뜻하지만, 의미가 바뀌어 하나님께 노래로 드려진 기도 모음집을 뜻하게 되었다.

　　오늘날 우리에게 전승된 시편들 대다수는 음악 예배를

위해 지어졌다. 노랫소리와 온갖 종류의 악기가 함께 어우러졌다. 여기서도 진정한 예배 음악의 기원은 다윗이다. 언젠가 그가 수금 연주로 악령을 몰아냈듯이, 거룩한 예배 음악은 실제적인 힘을 가지고 있어서, 이따금 예언자의 선포를 위해 사용된 것과 동일한 언어들이 예배 음악을 위해서도 사용되었다.대상 25:2 다수의 시편들에 나타나는, 이해하기 쉽지 않은 제목은 음악 지휘자를 위한 지침이다. 시 한가운데 자주 등장하는 "셀라"라는 말도 마찬가지다. 이 말은 그것이 등장하는 대목에서 간주곡을 시작하라는 신호인 것으로 보인다. "셀라는 고요한 상태를 유지하며 그것이 등장하는 시편의 말씀을 힘써 곱새기라는 뜻이다. 시편의 말씀은 고요하고 조용한 영혼을 요구하고, 그럴 때에만 영혼은 성령이 자기에게 즉석에서 제시하시고 바라시는 것을 이해하고 파악할 수 있기 때문이다."루터

　　시편은 대개 돌림노래로 불렸던 것 같다. 시편의 시구 형식도 그렇게 하기에 적합하며, 거기에 맞게 두 구절씩 서로 결합되어 있다. 이는 본질적으로 동일한 사상을 다른 말로 표현하려는 것이다. 이것이 이른바 대구법이다. 이 형식은 우연히 생겨난 것이 아니라, 기도를 그치지 말고 함께 기도할 것을

권면하기 위해 마련되었다. 성급히 기도하는 데 익숙한 우리에게는 불필요한 반복으로 여겨지지만, 이것이야말로 기도에 올바로 몰두하고 집중하는 것이며, 동시에 많은 사람들, 곧 모든 신자가 서로 다른 말로 하더라도 동일한 기도를 드리고 있음을 가리키는 표지다. 이처럼 시구 형식은 우리에게 시편 기도를 공동으로 드릴 것을 요구한다.

# 예배와 시편

수많은 교회들에서 주일마다 혹은 날마다 시편을 교독하거나 노래하고 있다. 이런 교회들은 헤아릴 수 없는 부요함을 보존하고 있는 셈이다. 이처럼 날마다 시편을 읽어 습관화할 때만 우리는 그 신성한 기도서 안으로 들어갈 수 있기 때문이다. 시편은 이따금씩 읽기만 해도 그 사상과 힘이 너무 압도적이어서 우리를 경박한 데로 다시 돌아갈 수 없게 하지만, 시편 기도를 진지하게 정기적으로 드리기 시작한 사람은 다른 가볍고 익숙한 "경건한 기도를 곧바로 중단하고 이렇게 말할 것이다. '아아, 내가 시편에서 발견하는 것은 활력, 힘, 열정, 불이 아니다. 그것은 내게 너무 차갑고 텁텁한 맛이 난다.'"루터

교회에서 더 이상 시편 기도를 드리지 않을 경우에는, 날마다 갖는 아침과 저녁 기도회에서라도 시편을 더 많이 읽

고, 가급적 날마다 더 많은 시편을 공동으로 낭송하며 기도해야 한다. 그러면 우리는 이 책을 한 해에 여러 번 통독하며 그 안으로 점점 더 깊이 파고들게 될 것이다. 그럴 때는 우리 마음대로 시편을 골라 읽어선 안 된다. 이러한 선별적 낭송은 성경의 기도서를 욕되게 하는 일이며, 우리가 무엇을 기도해야 하는지를 하나님 자신보다 우리가 더 잘 안다고 생각하는 것이 되고 만다. 고대 교회에서는 "다윗의 시편 전체"를 암송하는 것이 특별한 일이 아니었으며, 동방교회에서는 이것이 교회 직무의 전제였다. 교부 히에로니무스Hieronymus는, 자신의 시대에는 들이나 정원에서 시편을 읊는 소리를 쉽게 들을 수 있었다고 전한다. 시편은 당시 생성된 지 얼마 되지 않은 기독교의 삶을 충만하게 해주었다. 그러나 이 모든 것보다 중요한 것은, 예수께서 십자가에서 시편의 구절들을 말씀하며 죽으셨다는 사실이다.[6]

기독교 공동체는 시편의 상실과 함께 비길 데 없는 보화를 잃어버렸다. 그러나 시편을 되찾는다면, 측량할 수 없는 능력들을 다시 얻게 될 것이다.

# 시편 기도의 주요 주제

우리는 시편 기도의 주요 주제를 다음과 같이 분류하고자 한다. 창조, 율법, 구속사, 메시아, 교회, 생명, 고난, 죄책, 원수, 종말. 이 모든 주제를 주기도문에 편입시켜, 시편이 어떻게 예수의 기도에 수용되었는지를 제시하는 것은 어려운 일이 아닐 것이다. 그러나 우리는 이처럼 우리가 고찰한 결과를 미리 말하기보다는 시편 자체에서 추론한 분류로 만족하려고 한다.

## 창조

성경은 하나님을 하늘과 땅의 창조자로 선포한다. 다수의 시편이 그분에게 영광과 찬양과 감사를 드릴 것을 촉구한다. 그럼에도 오직 창조에 관해서만 다루는 시편은 한 편도 없다. 이는 말씀 안에서 자기 백성에게 자기를 계시하신 하나님이야 말로 언제나 세계의 창조자로 인식되어야 마땅한 분이라는 뜻이다. 우리가 하나님을 창조자로 믿을 수 있는 것은, 하나님이 우리에게 말씀하시고 자기 이름을 계시하셨기 때문이다. 그렇지 않았다면 우리는 그분을 알지 못했을 것이다. 창조는 하나님의 능력과 성실하심을 알리는 하나의 관념$^{Bild}$이다. 하나님은 예수 그리스도 안에서 자기를 계시함으로써 우리에게 그 능력과 성실하심을 나타내셨다. 우리가 섬기는 하나님은 자기를 구원자로 계시하신 분이다.

시편 8편은 하나님의 이름과, 인간을 향한 하나님의 은혜로운 행위를 그분이 하신 일의 절정으로 찬양한다. 이는 창조로 파악할 수 있는 사실이 아니다. 시편 19편은 천체 운행의 장엄함을 찬미하다가, 갑자기 새로운 맥락에서 하나님의 율법 계시라는 더 큰 영광을 떠올리며 참회를 호소한다. 시편 29편은 뇌우 가운데 나타나는 하나님의 무시무시한 힘으로 우리를 놀라게 하면서도, 하나님이 자기 백성에게 선사하시는 능력과 복과 평화를 기리는 데 목표를 둔다. 시편 104편은 하나님의 수많은 작품들을 바라보지만, 그 모든 것이 하나님 앞에서는 아무것도 아님을 깨닫는다. 영원한 것은 오직 하나님의 영광뿐이며, 최후에는 하나님이 죄인들을 멸망시키실 것이기 때문이다.

창조 시편Schöpfungspsalmen은 서정시가 아니라, 하나님의 백성에게 내리는 지침, 곧 이미 경험한 구원의 은혜 속에서 창조자를 발견하고 그분에게 경의를 표하라는 지침이다. 창조는 신자들을 돕는다. 우리가 감사하는 마음으로 받는다면, 하나님이 지으신 모든 것은 다 선하다.딤전 4:4 이하 그러나 우리는 예수 그리스도 안에 나타난 하나님의 계시와 조화를 이루는 것에 대해서만 감사할 수 있다. 창조와 그것의 모든 선물은 예수 그리스도를 위해 존재한다. 그러므로 우리는 우리의 주인이신 예수 그리스도와 함께, 예수 그리스도 안에서, 예수 그리스도를 통해 하나님께 감사한다.

## 율법

특별히 하나님의 율법을 감사와 찬양과 간구의 대상으로 삼는 세 편의 시편1, 19, 119편은 우리에게 무엇보다도 율법의 유익을 보여주려고 한다. 우리는 "율법"을 대체로 하나님의 완전한 구원 행위와, 복종 속에서 이루어지는 새로운 삶을 위한 명령으로 이해해야 한다. 하나님이 예수 그리스도를 통해서 우리의 삶에 중대한 전환을 가져오시면, 우리는 율법 곧 하나님의 계명을 벅찬 가슴으로 기뻐하게 마련이다. 그러나 어느 날 하나님이 나에게 그 계명을 한 번이라도 감추셔서,<sup>시 119:19</sup> 내가 그분의 뜻을 알지 못하게 된다면, 새로운 삶에 이보다 더 심한 걱정거리는 없을 것이다.

하나님의 명령을 아는 것이 은혜다. 하나님의 명령은 우리가 스스로 세운 계획과 우리가 자초한 갈등으로부터 우리를 해방시킨다. 하나님의 명령은 우리의 발걸음을 확실하게 하고, 우리의 길을 즐거운 길로 만든다. 하나님이 계명을 주신 것은, 우리로 하여금 그 계명을 이행하게 하시려는 것이다. 예수 그리스도 안에서 모든 구원을 발견한 사람에게 "하나님의 계명은 무거운 짐이 아니다."<sup>요일 5:3</sup> 예수는 스스로 율법 아래 계셨고, 아버지께 완전히 복종함으로써 율법을 완성하셨다.[7] 그분은 하나님의 뜻을 자신의 기쁨, 자신의 양식으로 삼으셨다.[8] 그분은 우리 안에서 율법의 은혜에 감사하시고, 우리에게 율법 이행의 기쁨을 선사하셨다. 이제 우리는 우리의 율법 사랑을 고백하고 율법을 지키겠노라 굳게 다짐하며, 율법 안에서 흠잡을 데 없이 보존되게 해달라고 간구한다. 우리는 우리 자신의 능력으로 율법을 행하지 않으며, 우리 안에 계시면서 우리를 위하시는 예수 그리스도의 이름으로 그렇게 되기를 기도한다.

시편 119편은 그 길이와 단조로움 때문에 특히 이해가 어려울지도 모른다. 단어에서 단어로, 문장에서 문장으로 천천히 고요하게 끈기를 가지고 나아가는 것이 도움이 될 것이다. 그러고 나면 반복적으로 보이던 것들이 한 주제의 새로운 전환임을 알게 될 것이다. 하나님의 말씀에 대한 사랑이 그 주제다. 이 사랑이 결코 끝나선 안 되듯이, 이 사랑을 고백하는 말도 끝나선 안 된다. 그 말들은 평생토록 우리를 따라다니고 싶어 하며, 그 단순함으로 아이의 기도, 성인의 기도, 노인의 기도가 된다.

## 구속사

시편 78편, 105편, 106편은 하나님의 백성의 역사, 그 백성을 선택한 하나님의 은혜와 성실하심, 그리고 그 백성의 불성실함과 배은망덕을 이야기한다. 시편 78편은 기도문을 전혀 담고 있지 않다. 이 시편으로 기도하려면 어떻게 해야 하는가? 시편 106편은 지나간 구원의 역사를 떠올리면서, 우리에게 감사, 경배, 맹세, 간구, 죄의 고백, 도움의 기도를 드릴 것을 촉구한다. 이를테면 자기 백성을 영원히 보존하는 하나님의 선하심, 곧 오늘날 우리가 우리의 선조들과 마찬가지로 경험하는 하나님의 선하심에 감사하고, 이집트로부터의 해방에서 골고다에 이르기까지 그분이 우리에게 베푸신 기적들에 대해 경배하고, 하나님의 계명을 이전보다 더 성실히 지키겠노라 맹세하고, 하나님의 약속에 의거해 그분의 은혜를 간구하고, 하나님의 큰 자비 앞에 자신의 죄와 불성실함과 보잘것없음을 고백하고, 하나님의 백성을 궁극적으로 불러 모아 구원해 달라고 간구하라는 것이다.

우리는 이러한 시편으로 기도함으로써 하나님이 전에 자기 백성에게 하셨던 모든 일을 우리에게 하신 일로 여기고, 우리의 죄책과 하나님의 은혜를 고백하고, 하나님이 전에 하셨던 선한 일들에 의거해 하나님께 그분의 약속을 아뢰며 그

성취를 간구하고, 끝으로 그분의 공동체와 함께하시는 하나님의 역사 전체가, 우리를 도우셨고 지금도 돕고 계신 예수 그리스도 안에서 실현되었음을 보게 된다. 우리가 하나님께 감사와 간구와 고백을 드릴 수 있는 것은 예수 그리스도로 말미암는다.

## 메시아

하나님의 구원 역사는 메시아 파송으로 완성된다. 예수께서는 시편이 이 메시아를 예언한 것이라고 해석하셨다.눅 24:44 시편 22편과 69편은 교회에서 그리스도의 수난 시편Leidenspsalmen으로 고백된다.

예수께서는 십자가에서 시편 22편의 서두를 따라 기도하시며 그것이 자신의 기도임을 분명히 하셨다. 히브리서 2장 12절은 시편 22편 22절[9]을 그리스도가 하신 말씀으로 삼는다. 그리고 시편 22편 8절[10]과 18절[11]은 예수의 십자가형을 직접 예언한다. 이 시편은 일찍이 다윗 자신이 고난을 받으면서 기도로 바친 것이지만, 이는 그가 하나님께 기름 부음을 받고 그로 인해 사람들에게 박해를 당한 왕으로서, 그리스도의 선조로서, 그리스도를 제 안에 품은 자로서 그리한 것이다. 그리스도는 이 기도를 진지하게 받아들이시고, 그 의미에 충실하게 자신의 것으로 여기셨다. 하지만 우리는 그리스도의 고난에 동참하는 자로서 예수 그리스도의 공동체 안에서만 이 시편으로 기도할 수 있다. 우리는 우리의 우발적이고 사적인 고난이 아니라, 우리에게도 닥치는 그리스도의 고난에 의거해 이 시편으로 기도한다. 우리는 언제나 예수 그리스도가 우리와 더불어 기도하시는 음성을 들으며, 또한 그분을 통하여 저 구약성경의 왕이 기도하는 음성도 듣게 된다. 그 깊이를 온전히 헤아리거나 경험하진 못하지만, 우리는 이 기도를 따라 하는 가운데 그리스도와 함께 기도하면서 하나님의 보좌 앞으로 나아간다.

　　시편 69편 5절[12]은 해석의 어려움을 야기하곤 한다. 왜냐하면 여기서 그리스도가 하나님께 자신의 죄책과 어리석음을 탄식하고 계시기 때문이다. 물론 이 구절은 다윗이 자신의 개인적 죄책을 아뢴 것이다. 하지만 그리스도는 모든 인간의 죄책, 다윗의 죄책과 자신의 죄책까지도 고백하신다. 이 모든 죄책을 떠맡아 짊어지시고, 그로 인해 아버지의 진노를 받으신다. 참사람 예수 그리스도는 이 시편으로 기도하시며 우리를 자신의 기도 안으로 받아들이신다.

시편 2편과 110편은 그리스도가 원수들을 누르고 거두신 승리, 그분 나라의 건설, 하나님의 백성의 헌신을 증언한다. 여기서도 예언은 다윗 및 그의 왕권과 결부된다. 하지만 우리는 다윗 안에서 미래의 그리스도를 인식하게 된다. 루터는 시편 110편을 "우리 주 예수 그리스도를 분명하게 알리는 으뜸 시편"이라고 불렀다.

시편 20편, 21편, 72편은 본래 다윗과 솔로몬의 현세적 왕권과 관련이 있다. 시편 20편은 메시아 왕이 원수들을 누르고 승리를 거두게 해달라고, 그리고 그가 바친 제물을 받아 달라고 간구한다. 시편 21편은 왕이 승리의 면류관을 쓰게 해주신 것에 감사하고, 72편은 가난한 이들의 권리와 도움을 청하며, 왕의 나라에 평화와 항구적 통치와 영원한 명성이 자리하게 해달라고 간구한다. 우리는 이 시편들을 통해 예수 그리스도가 이 세상에서 승리하시기를 간구하고, 또한 그분이 이미 승리를 거두신 것에 감사하며, 왕이신 예수 그리스도의 통치

아래 정의와 평화의 나라가 건설되기를 기원한다. 시편 61편 6절 이하와 63편 11절[13]도 그와 같은 기도에 속한다.

논쟁의 여지가 많은 시편 45편은 메시아 왕에 대한 사랑, 그의 아름다움과 부요함, 그의 능력에 관해서 말한다. 이 왕과 혼인하는 예비 왕후는 자기 민족과 아버지의 집을 잊고[10절] 왕을 섬겨야 한다. 그녀는 오직 왕을 위해서 치장하고 입궁해야 한다. 즉, 이 시편은 왕이신 예수와 그분에게 속한 공동체 사이에서 이루어지는 사랑의 노래요 기도다.

## 교회

시편 27편, 42편, 46편, 48편, 63편, 81편, 84편, 87편은 하나님의 도성 예루살렘, 하나님의 백성의 성대한 축제, 성전과 아름다운 예배를 노래한다. 구원의 하나님께서 그분의 공동체 안에 현존하고 계심이 우리가 감사하고, 기뻐하고, 사모할 일이다. 이스라엘 민족에게 시온 산과 성전이 있다면, 우리에게는 전 세계에 걸친 교회가 있다. 하나님은 언제나 말씀과 성례전을 통해 그분의 공동체 안에 거하신다. 이 교회는 모든 원수의 반항에도 불구하고 존속할 것이다.<sup>시 46편</sup> 무신적인 세계의 힘에 억류되어 있던 교회의 포로 생활도 종결될 것이다.<sup>시 126, 137편</sup> 그리스도 안에서 그분의 교회에 현존하는 은혜로우신 하나님은 시편의 모든 감사와 기쁨, 모든 갈망에 부응하는 분이다. 하나님은 친히 예수 안에 거하셨다. 그럼에도 예수는 우리와 같은 인간으로서 하나님과의 사귐을 갈망하셨으며,<sup>눅 2:49</sup> 지금도 하나님이 그분의 사람들에게 아주 가까이 임재하시도록 우리와 함께 기도하신다.

하나님은 약속대로 그분의 공동체의 예배에 현존하신다. 교회가 하나님의 규정에 따라 예배를 드리는 것은 그 때문이다. 하지만 예수 그리스도는 완전한 예배를 드리셨다. 규정된 모든 제사를 그분의 자발적이고 죄 없는 희생으로 끝마치셨기 때문이다. 그리스도는 우리를 위한 하나님의 제물이자 하나님을 위한 우리의 제물로서 자기 몸을 내어주셨다.<sup>14</sup> 이제 우리에게 남은 것은 기도와 노래와, 하나님의 계명에 따른 삶으로 드리는 찬양과 감사의 제사뿐이다.<sup>시 15, 50편</sup> 그러므로 우리의 삶 전체는 예배가 되고, 감사의 제사가 된다. 하나님은 이러한 감사 제사를 인정하시고, 감사하는 사람에게 구원을

시편 기도의
주요 주제

37

베푸신다.시 50:23 그리스도로 인해 하나님께 감사하고, 공동체 안에서 마음과 입과 손으로 그분을 찬양하는 것이야말로, 시편이 우리에게 가르치려고 하는 내용이다.

## 생명

진지한 그리스도인들은 시편 기도에 생명과 복을 바라는 간구가 자주 등장하는 것을 보고 의아하게 여긴다. 또 그들 중 다수는 그리스도의 십자가를 주목하는 까닭에, 생명과 현세적이고 가시적인 복을 하나님께 바라는 것 자체가 미심쩍고 바람직하지 않다는 불건전한 생각을 품는다. 그들은 이러한 시편 기도가 신앙의 불완전한 전前 단계인 구약 시대의 경건 행위이며, 신약성경이 이를 극복했다고 보기도 한다. 그러나 이는 하나님보다 더 성스러운 자가 되려고 하는 생각에 지나지 않는다.

일용할 양식을 구하는 것이 신체적 삶에 필요한 물품의 영역 전체를 아우르듯이, 생명과 건강을 바라고 하나님이 베푸시는 사랑의 가시적 증거를 구하는 청원 기도는 필연적으로 이 생명의 창조자요 보존자이신 하나님께 드리는 기도에 속한다. 신체적 삶은 비루한 것이 아니다. 하나님은 이 삶을 위해 예수 그리스도 안에서 우리에게 그분의 공동체를 선사하시고, 우리가 이 세상에서―그리고 저세상에서도―그분 앞에 살 수 있도록 하셨다. 하나님은 우리가 그분을 더 잘 알고 찬양하고 사랑할 수 있도록 우리의 현세적인 기도를 허락하신다. 그분은 경건한 사람들이 이 세상에서 복된 삶을 살기를 바라신다.[시 37편] 예수 그리스도의 십자가는 하나님의 이 바람을 무효로 만들지 않고 오히려 승인한다. 예수를 따르는 이들이라면, 그 제자들이 그랬듯이 많은 결핍을 감내해야 하는 곳에서도 "너희에게 부족한 것이 있더냐?"라는 예수의 물으심에 "없습니다"라고 대답할 것이다.[눅 22:35] 이 대답을 위한 전제 조건은 다음과 같은 시편의 인식이다. "의인의 하찮은 소유가 악인의 많은 소유보다 낫다."[시 37:16]

시편에서 그리하듯이 우리가 이 모든 것을 하나님께서 우리와 맺으시는 은혜로운 사귐의 표시로 인식하고, 하나님의 선하심이 생명보다 더 낫다는 사실을 굳게 붙잡기만 한다면,[시 63:3, 73:25 이하] 우리는 아무런 양심의 가책 없이 시편 기도로 생명과 건강과 평안과 현세적인 것을 구할 수 있다.

시편 103편은 생명의 보존에서 죄 용서에 이르기까지 하나님께서 우리에게 베푸시는 충만한 은혜를 하나의 거대한 통일체로 인식하고, 그 은혜에 감사하고 찬양하면서 하나님 앞에 나아가라고 가르친다.[시 65편도 참조] 창조주 하나님은 예수 그리스도를 위해 우리에게 생명을 주시고 또한 보존하신다. 이는 우리가 마침내 죽음에 직면할 때 현세의 모든 것을 내려놓고 영원한 생명을 얻도록 우리를 준비시키려는 것이다. 오직 예수 그리스도를 위하여, 그리고 그분의 지시에 따라서만 우리는 삶의 필요를 놓고 기도할 수 있다. 우리는 그분을 위하여 확신을 품고 그리해야만 한다. 그리고 우리가 필요로 하는 것을 받게 되면, 예수 그리스도를 위하여 우리에게 은혜를 베푸신 하나님께 진심으로 끊임없이 감사해야 한다.

## 고난

"탄식 시편[Klagepsalmen]의 언어보다 더 슬프고, 더 깊은 비탄에 잠기는 언어를 어디서 발견하겠는가? 이 탄식 시편에서 그대는 죽음에 처한 듯한, 지옥에 떨어진 것만 같은 성도의 마음을 간파하게 될 것이다. 슬픔에 잠겨 하나님의 진노를 바라보는 것은 실로 암담하고 암울하기 그지없다."루터

　　시편은 세상이 우리에게 안기는 수많은 고난 가운데서도 진실하게 하나님께 나아가라고 가르친다. 시편은 심각한 질병, 하나님과 사람에게서 버림받음, 위협, 박해, 감금과 온갖 곤궁이 존재한다는 것을 잘 알고 있다.시 13, 31, 35, 41, 44, 54, 55, 56, 61, 74, 79, 86, 88, 102, 105편 등 시편은 이러한 사실을 부정하거나, 신심 깊은 말로 속이려 하지 않는다. 시편은 그것을 믿음의 가혹한 시련으로 여기고, 때로 고난 너머를 내다보지 못하기도 하지만,시 88편 대개는 이를 놓고 하나님께 탄식한다. 탄식 시편은 누군가가 자신의 경험에 기대어 따라 기도할 수 있는 것이 아니다. 탄식 시편이 다루는 것은, 예수 그리스도가 완전히 홀로 겪으셨듯이, 모든 시대의 공동체 전체가 겪는 곤경이다. 이 곤경은 하나님이 뜻하신 바가 있어 닥치는 것이기에, 하나님만이 아시고 우리 자신보다 더 잘 아시는 것이기에, 그 도움도 오직 하나님만이 베푸실 수 있다. 따라서 온갖 물음도 재삼재사 하나님을 향해 던지는 수밖에 없다.

시편에는 고난에 너무 쉽게 굴복하는 경우란 존재하지 않는다. 고난은 언제나 투쟁과 불안과 회의懷疑를 거친다. 하나님의 정의가 흔들려, 경건한 자를 불행에 빠뜨리고, 하나님을 부인하는 자에게 자유를 허락한다. 하나님의 선하고 은혜로우신 뜻이 흔들린다.[15] 그분의 행동이 도무지 납득이 되지 않는다. 하지만 극심한 절망 가운데서도 하나님만이 대화의 상대로 남아 계신다. 고난의 당사자는 인간의 도움을 기대하기보다는 스스로를 동정하면서 모든 곤경의 원인이자 목표인 하나님에게서 눈을 떼지 않는다. 그는 하나님을 위해 하나님께 맞서는 투쟁을 시작한다. 그는 진노하시는 하나님께 그분의 약속을 수시로 상기시키고, 그분이 전에 베푸셨던 은혜, 사람들 가운데서 떨쳤던 그분 이름의 명성을 놓고 간언한다.

내가 죄를 지었다면, 어째서 그분은 나를 용서해 주시지 않는가? 내가 무죄하다면, 어째서 그분은 나의 고통을 끝내고 나의 결백을 사람들 앞에 밝히시지 않는가?[시 38, 79, 44편] 이 물음에 대한 이론적인 답은 존재하지 않으며, 신약성경도 이에 답하지 않는다. 유일한 실제적인 답이 있다면, 그것은 예수 그리스도이다. 그러나 이 답은 이미 여러 시편들을 통해 주어졌다. 그 시편들은 하나같이 모든 고난과 시련을 하나님께 떠넘긴다. 이를테면 우리는 고난을 더는 견딜 수 없고, 그분만이 고난을 끝내실 수 있으니, 그분이 그것을 우리에게서 거두어 가셔서 친히 담당해 달라는 것이다. 바로 이것이 모든 탄식 시편의 목표다. 탄식 시편은 스스로 질고를 짊어지고 우리의 모든 궁핍을 겪으신 분, 곧 예수 그리스도를 간절히 청하고, 그 예수 그리스도가 고난 중에 의지할 유일한 도움이라고 설파한다. 그분 안에서 하나님이 우리와 함께하시기 때문이다.

탄식 시편에서는 정의요 사랑이신 하나님과 맺는 완전한 사귐이 중요하다. 그러나 예수 그리스도는 우리의 기도의 목표일 뿐만 아니라, 우리의 기도에 함께하시는 분이기도 하다. 모든 곤경을 짊어지신 그분은,[16] 그것을 하나님께로 가져가 우리를 위해 하나님의 이름으로 이렇게 기도하신다. "내 뜻대로 하지 마시고, 아버지의 뜻대로 해주십시오."[17] 그리고 그분은 우리를 위해 십자가에서 이렇게 부르짖으신다. "나의 하나님, 나의 하나님, 어찌하여 나를 버리셨습니까?"[18] 이제 우리는 그리스도가 우리와 함께하지 않는 고난이란 이 세상에 존재하지 않음을 알게 된다. 그리스도는 우리와 함께 고난받으시며 기도하시고 도움을 베푸시는 유일한 분이다.

이 토대 위에서 빼어난 신뢰 시편들이 생겨난다. 그리스도 없는 하나님 신뢰는 공허하고 확신도 없다. 그런 신뢰는 다른 형태의 자기 신뢰일 뿐이다. 그러나 하나님이 예수 그리스도 안에서 우리의 고난에 참여하셨음을 아는 사람은 커다란 신뢰를 품고 이렇게 말해도 된다. "주님께서 나와 함께 계시고, 주님의 막대기와 지팡이로 나를 보살펴 주십니다."시 23:4, 37, 63, 73, 91, 121편

### 죄책

시편에는 죄의 용서를 구하는 기도가 우리의 기대보다 드물게 등장한다. 대다수의 시편은 죄의 용서에 대한 전적인 확신을 전제로 하고 있다. 그 때문에 우리는 놀랄지도 모른다. 그러나 신약성경에서도 사정은 다르지 않다. 죄의 용서 주위만 맴도는 것은 그리스도인의 기도를 제한하고 위태롭게 할 뿐이다. 예수 그리스도를 위해 안심하고 죄를 그대로 둘 필요도 있다.

그럼에도 시편에 참회 기도가 전혀 없는 것은 아니다.

이른바 일곱 편의 참회 시편[Bußpsalmen, 시 6, 32, 38, 51, 102, 130, 145편]뿐 만 아니라, 여타의 시편들[시 14, 15, 25, 31, 39, 40, 41편 등]도 우리로 하여금 하나님 앞에서 죄를 깊이 인식하여 죄책을 고백하게 하고, 하나님의 용서하시는 은혜를 전적으로 신뢰하게 한다. 루터가 이 시편들을 "바울의 시편"이라고 부른 것은 당연하다. 중대한 죄책이든,[시 32, 51편] 참회로 내모는 예기치 않은 고난이든 간에,[시 38, 102편] 대개는 특별한 동기가 그런 기도를 하도록 만든다. 그렇게 기도를 할 때면 다들 하나님의 자유로운 용서에 모든 희망을 건다. 하나님은 모든 시대를 위한 예수 그리스도의 말씀 속에서 우리에게 그 희망을 주시고 또한 약속하신다.

그리스도인은 이러한 시편 기도를 드릴 때 곤란을 느끼지 않을 것이다. 그럼에도 다음과 같은 물음이 떠오를 수 있다. 그리스도가 이 시편 기도를 우리와 함께 드리신다는 것을 어떻게 생각해야 하는가? 죄 없는 분이 어찌 용서를 청하실 수 있는가?

이는 죄 없는 분이 어떻게 세상의 모든 죄를 짊어지고 우리를 위해 죄인이 되실 수 있는가 하는 물음과 다름없다.[고후 5:21] 예수께서 죄의 용서를 청하시는 것은 자신의 죄 때문이 아니라, 친히 짊어지시고 그로 인해 고난당하신 우리의 죄 때문이다. 그분은 우리를 위해 나아와, 하나님 앞에서 우리와 같은 인간이 되기를 바라신다. 그리하여 그분은 모든 기도 가운데 가장 인간적인 기도를 우리와 함께 드리심으로써 자신이 하나님의 참 아들임을 입증하신다.

다음의 사실은 특히 개신교인들의 이목을 끌면서 불쾌감을 유발한다. 즉, 시편에서는 경건한 자의 죄책 못지않게 경건한 자의 무죄함도 여러 차례 다루어진다는 것이다. 시 5, 7, 9, 16, 17, 26, 35, 41, 44, 59, 66, 68, 69, 73, 86편 등 이는 그리스도인에게 아무 쓸모없는 이른바 구약적인 행위 의인義認의 잔재로 보일지도 모른다. 하지만 이런 생각은 대단히 피상적이며, 하나님의 말씀의 깊이를 조금도 알지 못하는 것이라 하겠다. 자기가 옳다고 믿으면서 자신의 무죄함을 말할 수 있다는 것은 분명하다. 하지만 가장 겸손한 죄 고백도 그런 방식으로 할 수 있음을 알지 못하는가? 자신의 죄를 말하는 것 역시 자신의 무죄를 말하는 것만큼이나 하나님의 말씀을 떠나 있을 수 있다.

그러나 문제는 기도의 배후에 어떤 동기가 있느냐가 아니라, 기도의 내용 자체가 옳으냐 그르냐 하는 것이다. 하지만 여기서 분명한 것은, 신심 깊은 그리스도인은 자신의 죄책뿐만 아니라 자신의 무죄함과 의로움에 대해서도 중요한 것을 말해야 한다는 것이다. 그리스도인은 자신이 하나님의 은혜와 예수 그리스도의 공로를 통해 하나님 앞에서 완전히 의롭고 무죄하게 되며, "그리스도 예수 안에 있는 사람들은 정죄를 받지 않는다"롬 8:1고 믿는다. 자기에게 주어진 무죄함과 의로움을 굳게 붙잡고, 하나님의 말씀을 증거로 하여 그에 감사하는 것이 그리스도인의 기도다. 그러므로 우리가 우리를 향한 하나님의 행동을 진지하게 받아들인다면, 매우 겸손하게 그리고 확신에 차서 다음과 같이 기도할 수 있으며, 또한 반드시 그래야 한다. "그 앞에서 나는 흠 없이 살면서 죄짓는 일이 없도록 나를 지켰다."시 18:23 "주님께서는 나의 마음을 시험해 보셨지만 아무것도 찾지 못하셨습니다."시 17:3 이와 같이 기도함으로써 우리는 신약성경 한가운데, 곧 예수 그리스도의 십자가 공동체 안에 서게 된다.

하나님을 부인하는 원수들 때문에 곤경에 처한 상황을 다루는 시편에서는 무죄함에 대한 확언이 특히 강하게 나타난다. 이러한 시편에서는 하나님이 하시는 일의 옳음에 관해서 더 많이 숙고한다. 물론 하나님의 일은 그에 헌신하는 사람을 옳다고 시인한다. 우리가 하나님의 일 때문에 박해를 받고 있다는 사실이, 하나님의 원수 앞에서 우리를 옳다고 시인하는 것이다. 하나님의 은혜는 우리가 언제나 개인적으로도 입는 것이므로, 이러한 시편에는 (결코 객관적일 수만은 없는) 객관적인 무죄함과 나란히 개인적인 죄책 고백이 등장한다.시 41:4, 69:5 **19 20** 그리고 이것 역시 내가 실제로 하나님의 일에 몰두하고 있음을 암시해 준다. 그렇다면 나는 동시에 다음과 같이 간구해도 될 것이다. "하나님, 나를 변호하여 주십시오. 비정한 무리를 고발하는 내 송사를 변호하여 주십시오."시 43:1

우리 안에 그 어떤 흠이 잠복해 있는 한 우리가 죄 없이 고난받는 일은 있을 수 없다는 생각은 전적으로 비성경적이고 불온한 생각이다. 구약성경은 물론이고 신약성경도 그런 식으로 판단하지 않는다. 우리가 하나님의 일 때문에 박해를 받는다면, 이는 죄 없이 고난당하는 것이고, 바꿔 말하면, 하나님과 함께 고난당하는 것이다. 우리가 진실로 하나님과 함께하므로 무죄하다는 것은, 우리가 죄의 용서를 간구한다는 사실에서 바로 입증된다.

그러나 우리는 하나님의 원수에 비해 무죄한 것만이 아니라, 하나님 앞에서도 무죄하다. 하나님은 그분이 우리로 하여금 참여케 하신 그분의 일에 우리가 결부되어 있음을 보시고, 우리의 죄를 용서해 주시기 때문이다. 따라서 모든 무죄 시편Unschuldspsalmen은 다음과 같은 찬송 속으로 흘러들어 간다. "그리스도의 피와 의, 이것이 나의 의복이요 예복이니, 나 천국에 들어갈 때 그것을 차려입고 하나님의 심판을 견디려네."[21]

## 원수

시편 중에서 이른바 복수 시편Rachepsalmen보다 우리에게 더 심한 당혹감을 유발하는 것은 없다. 그러나 놀랍게도 이러한 복수 시편의 사고는 시편 전체를 관통하고 있다.시 5, 7, 9, 10, 13, 16, 21, 23, 28, 31, 35, 36, 40, 41, 44, 52, 54, 55, 58, 59, 68, 69, 70, 71, 137편 등 이 시편으로 기도하려는 모든 시도는 실패할 수밖에 없는 것처럼 보인다. 여기에는 신약성경에 대한 이른바 종교적 전前 단계가 자리하고 있는 것으로 여겨지기도 한다. 그리스도는 십자가에서 자신의 원수들을 위해 기도하셨고, 우리에게도 똑같이 기도하라고 가르치셨다. 어찌 우리가 이 시편 기도를 드리면서 원수에 대한 하나님의 보복을 유도하겠는가? 이는 다음의 물음과도 같다. 우리는 복수 시편을 우리를 위한 하나님의 말씀으로, 예수 그리스도의 기도로 이해할 수 있는가? 이는 있을 법한, 그러나 규명할 수는 없는 동기들을 묻는 것이 아니라, 기도의 **내용**을 묻는 것임을 유념하라.

이 시편에서 말하는 원수는 하나님의 일을 반대하는 자들, 하나님 때문에 우리를 공격하는 자들이다. 그러므로 여기서는 개인적 반목을 문제 삼지 않는다. 여기서 기도자는 제 손으로 보복하려 하지 않고, 하나님께 보복을 맡긴다.롬 12:19 22 그리하여 그는 모든 개인적 원한에서 벗어나고 복수심에서 자유로워진다. 그렇지 않다면 하나님은 그의 보복을 떠맡지 않으실 것이다. 물론 원수에 대해 무죄한 자만이 하나님께 보복을 맡길 수 있다. 하나님의 보복을 구하는 기도는, 죄를 가리는 판결로 하나님의 정의를 집행해 달라고 간구하는 것이다. 하나님이 자신의 약속을 지키시려면 이 판결이 선고되어야 하고, 나 자신도 나의 죄와 함께 이 판결 아래 있으니, 당사자에게 선고되어야 한다는 것이다. 나에게는 이 판결을 저지할 권리가 없다. 이 판결은 하나님을 위해 이루어져야 하며, 말할 수 없이 놀라운 방식으로 이루어질 것이다.

하나님의 보복은 죄인에게 행해지지 않고, 죄가 전혀 없으면서도 죄인을 대신하신 분, 곧 하나님의 아들에게 행해졌다. 예수 그리스도는 시편 기도에서 구하는 보복의 집행을 위해 하나님의 보복을 받아들이셨다. 그분은 죄에 대한 하나님의 진노를 달래시면서, 하나님의 판결이 집행되는 시간에 이렇게 기도하셨다. "아버지, 저 사람들을 용서하여 주십시오. 저 사람들은 자기네가 무슨 일을 하는지를 알지 못합니다."[23] 하나님의 진노를 친히 받으신 그분 외에는 누구도 이렇게 기도한 적이 없다. 이는 하나님의 사랑에 대한 모든 잘못된 생각, 죄를 진지하게 대하지 않는 잘못된 생각을 종식시킨 것이나 다름없다. 하나님은 유일한 의인에게 기대어 그분의 원수들을 미워하시며 심판하시고, 이 의인은 그 원수들을 용서해 달라고 청한다. 하나님의 사랑은 예수 그리스도의 십자가 안에서만 찾을 수 있다.

이처럼 복수 시편은 예수의 십자가와, 원수에 대한 하나님의 용서하시는 사랑으로 이어진다. 나 스스로는 하나님의 원수를 사랑할 수 없다. 오직 십자가에 달리신 그리스도만이 그리할 수 있고, 나는 그분을 통해서만 그리해야 한다. 이렇게 보복의 집행은 예수 그리스도 안에서 모든 인간을 위한 은혜가 된다.

시편과 함께 약속의 시간 속에 있을 것인가, 아니면 성취의 시간 속에 있을 것인가는 서로 확실히 다르다. 이 차이는 모든 시편에 적용된다. 나는 복수 시편으로 기도하면서 그 놀라운 성취를 확신한다. 나는 하나님께 보복을 맡기고, 그분의 모든 원수에게 그분의 정의를 집행해 달라고 간구한다. 그리고 나는 하나님이 신실하셨고, 십자가에서 진노의 심판으로 정의를 세우셨으며, 이러한 진노가 우리에게 은혜와 기쁨이 되었음을 깨닫는다. 예수 그리스도는 하나님께 그분의 보복을 자기 몸에 집행해 달라고 청하시고, 날마다 나를 위해 그리고 하나님의 모든 원수를 위해 짊어지신 그 십자가의 엄숙함과 은혜로 나를 인도하신다.

오늘도 나는 하나님의 보복이 집행된 그리스도의 십자가를 통해서만 하나님의 사랑을 믿고 원수를 용서할 수 있다. 예수의 십자가는 모든 이에게 유효하다. 그분을 거스르는 자,

그 십자가의 말씀을 더럽히는 자에게는 하나님의 보복이 집행되기 마련이며, 그는 현세나 내세에서 하나님의 저주를 받게 될 것이다. 신약성경은 그리스도를 미워하는 자에게 내려지는 이 저주를 매우 분명하게 말하고, 이 점에서 구약성경과 조금도 다르지 않지만, 하나님께서 최후의 심판을 집행하시는 날 공동체가 누리게 될 즐거움에 대해서도 분명하게 말하고 있다.<sup>갈 1:8 이하, 고전 16:22, 계 18장, 19장, 20:11</sup> 이와 같이 십자가에 달리신 예수 그리스도는 우리에게 복수 시편으로 바르게 기도하는 법을 가르치신다.

## 종말

그리스도인의 희망은 예수의 재림과 죽은 자의 부활에 맞춰져 있다. 시편은 글자 그대로 언급하지는 않지만 이 희망을 담고 있다. 교회는 예수의 부활로부터 만물의 마지막 때까지 일어날 기나긴 구속사적 사건들을 순서대로 구분하지만, 구약성경은 그것을 불가분의 전체로 여긴다. 계시의 하나님과 사귀는 삶, 하나님께서 이 세상에서 거두실 최후 승리, 메시아 왕국의 건설 등이 시편에 담긴 기도의 주제들이다.

여기에는 사실상 신약성경과의 차이가 전혀 드러나지 않는다. 과연 시편은 현세적 삶 속에서 하나님과의 사귐을 간구하지만, 이 사귐이 현세적 삶에서 소멸되는 것이 아니라 그 너머로까지 이어지며, 또한 그것이 현세적 삶과 대립되는 것임을 잘 알고 있다.시 17:14, 6, 34편 하나님과 사귀는 삶은 이미 죽음 너머에 있다. 사실 죽음이란 육신과 영혼의 결코 취소될 수 없는 쓰라린 끝이다. 죽음은 죄의 삯이며, 따라서 죽음을 기억하는 것이 반드시 필요하다.시 39, 90편 그러나 죽음 너머에는 영원한 하나님이 계신다.시 90, 102편 그러므로 승리하는 것은 죽음이 아니라, 하나님의 능력 안에 있는 생명이다.시 16:8 이하, 56:13, 49:15, 73:23, 118:14 이하 우리는 이 생명을 예수 그리스도의 부활에서 발견하고, 현세나 내세에서 그것을 얻게 되기를 간구한다.

하나님과 메시아의 최후 승리를 알리는 시편들시 2, 96, 97, 98, 110, 148, 150편은 우리를 만물의 마지막에 대한 찬양과 감사와 간구로 이끈다. 그때가 되면 온 세상은 하나님께 영광을 돌리고, 구원받은 공동체는 하나님과 더불어 영원히 통치하며, 악의 세력이 무너지고 하나님 홀로 주권을 행사하실 것이다.

우리는 시편 기도를 더 잘 드리는 법을 배우기 위해 짤막하게 시편 연구를 시도했다. 위에서 언급한 모든 시편을 주기도문에 편입시키는 것은 어려운 일이 아닐 것이다. 우리가 논의한 부분들의 차례를 조금만 바꾸면 될 것이다. 그러나 정말로 중요한 것은, 우리가 새로이 성실함과 사랑을 가지고 시편 기도를 우리 주 예수 그리스도의 이름으로 드리기 시작하는 것이다.

"우리에게 시편과 주기도문으로 기도하는 법을 가르쳐주신 우리 주님, 우리에게 또한 기도의 영과 은혜의 영을 부어주셔서, 우리가 열성을 다하여, 그리고 가장 진지한 믿음을 가지고 올바르게 끊임없이 기도하게 해주십시오. 우리는 기도가 필요하기 때문입니다―그분은 우리에게 기도를 요구하시고, 우리에게서 그것을 받으려고 하십니다. 그분에게 찬양과 영광과 감사를 드립니다. 아멘."루터

부록

# 아버지의 나라가 오게 하소서 1932년
### 하나님 나라의 도래를 간구하는 공동체의 기도

우리는 둔세주의자나 세속주의자를 자처하곤 한다. 그러나
이는 우리가 하나님 나라를 더는 믿지 않는다는 뜻과 다름없
다. 우리는 대지를 싫어한다. 그 이유는 우리가 대지보다 더
나은 존재가 되고 싶기 때문이다. 우리는 하나님 역시 싫어한
다. 그 이유는 그분이 우리에게서 우리의 어머니 대지를 빼앗
아 가시기 때문이다. 우리는 대지의 힘 앞에서 도망치거나, 대
지 위에서 완강히 꼼짝도 하지 않고 버틴다. 하지만 우리는 나
그네가 아니다. 나그네는 대지를 사랑하고, 대지는 나그네를
떠받친다. 나그네가 대지를 사랑하는 이유는, 오로지 그들이
대지 위에서 낯선 땅을 향해 나아가고, 무엇보다도 낯선 땅을
사랑하기 때문이다. 그렇지 않다면 그들은 떠돌지 않을 것이
다. 떠도는 사람, 대지와 하나님을 아울러 사랑하는 사람만이

하나님 나라를 믿을 수 있다.

우리가 둔세주의자가 된 것은, 간사한 꾀를 내어 종교인이 되려고, 더욱이 대지를 희생하고 "기독교도"가 되려고 하던 때부터다. 세상을 피해 사는 것은 근사한 일이다. 사람들은 삶이 고통스럽고 절박해지기 시작하면 담차게 공중으로 뛰어올라, 이른바 영원한 광야로 사뿐히 거리낌 없이 뛰어내린다. 그들은 현재를 건너뛴다. 그들은 대지를 경멸한다. 그들은 대지보다 낫다. 그들은 일시적 패배를 겪기는 해도 더 장구한 승리를 쉽게 거머쥔다. 둔세주의로 마음을 달래고 설교하는 것은 쉬운 일이다. 세상을 등진 교회는 자기가 모든 약자, 너무 쉽게 속고 너무 쉽게 기만당하는 모든 이, 모든 몽상가, 대지의 불성실한 자녀들을 순식간에 얻을 것이라고 확신할는지 모른다. 인간적으로 만족하지 못하는 사람이라면, 자신의 감정이 폭발하기 시작할 때, 공중에서 내려와 더 나은 피안으로 데려다주겠다고 약속하는 마차에 신속히 올라타지 않겠느냐는 것이다. 괴로워하는 인간들의 이 약함을 자비로이 받아서, 그들의 영혼을 하늘나라를 위한 제물로 바치지 않을 만큼 무자비하고 몰인정한 교회가 과연 있겠느냐는 것이다.

인간은 약해서, 자신을 떠받치는 대지와 가까워지는 것을 참지 못한다. 그가 대지를 견디지 못하는 까닭은, 대지가 그보다 더 강하고, 그가 악한 대지보다 더 나은 존재가 되고 싶기 때문이다. 그는 대지를 뿌리치고, 대지의 엄숙함을 회피한다. 없는 자의 질투가 아니라면, 누가 그의 그런 점을 나쁘게 생각하겠는가? 인간은 실로 약하다. 이 약한 인간은 세상을 등지는 종교에 접근한다. 그의 종교를 거부해야 하는가? 약한 인간은 도움 없이 살아야 하는가? 이것이 예수 그리스도의 정신인가? 아니다. 약한 인간은 도움을 받아야 한다. 그래서 그는 그리스도에게 도움을 받는다. 그러나 그리스도는 인간의 약함을 바라지 않으신다. 그분은 인간을 강하게 하신다. 그분은 인간을 둔세, 곧 종교적인 세계 도피로 이끌지 않으시고, 그를 대지로 돌려보내어 대지의 성실한 자녀가 되게 하신다.

세상을 등지지 말고, 강해져라!

둔세주의자가 아니면, 우리는 세속주의자<sup>Weltkinder</sup>다. 위에서 말한 내용이 자신에게 해당되지 않는다고 느끼는 사람은 다음의 사실에 상처를 입지 않도록 조심할 것이다. 우리는 세속주의에 빠져 있다. 여기서 말하는 세속주의는 경건한 세속주의, 곧 기독교적 세속주의다. 그것은 무신론 내지 문화 볼셰비즘Kulturbolschewismus[1]이 아니라, 기독교 안에서 하나님을 대지의 주님으로 인정하지 않는 것이다. 여기서 보듯이, 우리는 대지에 포박되어 있다. 우리는 대지와 대결하지 않으면 안 된다. 다른 방법이 없다. 힘이 힘과 맞서고, 세상이 교회와 맞서며, 세상성Weltlichkeit이 종교와 맞선다. 종교와 교회가 이 대결, 곧 이 투쟁 속으로 떠밀리는 것밖에 무슨 수가 있겠는가? 더욱이 신앙은 종교적 관습과 도덕으로 굳어지고, 교회는 종교-관습의 재건을 위한 활동 기관으로 굳어질 수밖에 없다. 신앙이 비계를 구축하는 이유는, 대지의 힘들이 그리하도록 강요하기 때문이다. 우리는 마땅히 하나님의 일을 변호해야 한다. 우리는 하나님과 함께 안전하게 살 수 있도록 견고한 요새를 세우지 않으면 안 된다. 나라를 세우는 것이다. 이처럼 유쾌한 세속주의를 품고 사는 것은 근사한 일이다. 인간은—종교적 인간도—싸우면서 제 힘을 발휘하기를 즐긴다. 없는 자의 질투가 아니라면, 누가 그의 이 천부적 재질을 나쁘게 생각하겠는가? 이처럼 경건한 세속주의를 가지고 이야기하고 설교하는 것 역시 멋진 일이다. 교회는 자신이 더욱더 용감하게 활동하며 이 유쾌한 투쟁에서 모든 담찬 사람들, 모든 굳센 사람들, 모든 선량한 사람들, 대지의 성실한 자녀들을 모두 자기 편으로 얻을 것이라고 확신할는지 모른다. 진정한 인간이라면 하나님의 일을 기꺼이 변호하지 않겠으며, 옛 이집트인들 이야기처럼 하지 않겠느냐는 것이다. 그들은 적에 맞서 자신들의 신상을 세우고, 그 뒤에 숨는 자들이었다. 하지만 이제는 적 앞에서, 세상 앞에서는 물론이고, 특히 하나님 앞에서도 숨는다. 현세에서 자신의 정체를 드러내시는 하나님, 강자가 무방비 상태의 사람을 보살피듯이, 현세에서 사람이 자기를 대단히 넘치는 능력으로 보살펴 주기를 바라지 않으시고, 오히려 자기 일을 스스로 수행하시면서 자유로운 은총으로 사람을 보살피기도 하시고 그러지 않기도 하시는 하나님, 스스로 현세에서 주님이 되려고 하시는 하나님, 사람이 그토록 쾌활한 열의로 신적인 일에 헌신하는 것을 대단히 불쾌하게 여기시는 하나님 앞에서 숨는 것이다. 우리는 이 세상에서 하나님의 권리를 마련해 드릴 용의가 있다면서도 그분에게서 벗어나기만 한다. 우리는 대지 자체를 위해, 이 투쟁을 위해 대지를 사랑한다. 바로 이것이 우리 기독교의 세속주의다. 하지만 우리는 하나님을 피한다. 그분은 사람을 되찾아 자신의 다스림 아래 두고자 하신다.

이 세상에서 약해지고, 하나님이 주가 되시게 하라!

둔세주의와 세속주의는 동일한 사실의 양면에 지나지 않는다. 이를테면 둘 다 하나님 나라를 믿지 않는다는 것이다. 세상을 등지고 하나님 나라로 도피하는 자, 괴로움이 없는 곳에서 하나님 나라를 찾는 자는 하나님 나라를 믿는 자가 아니다. 하나님 나라를 세상의 나라처럼 직접 세워야 한다고 생각하는 자도 하나님 나라를 믿는 자가 아니다. 대지를 회피하는 자는 하나님을 발견하지 못한다. 그는 다른 세계, 자기만의 더 낫고 더 아름답고 더 평화로운 세계, 이른바 뒷세상Hinterwelt은 발견하겠지만, 이 세상에서 시작되는 하나님의 세계는 결코 발견하지 못한다. 대지를 회피한 채 하나님을 찾는 자는 자기 자신만 발견할 뿐이다. 하나님을 회피한 채 대지를 찾는 자는 대지—하나님의 대지—를 발견하기는커녕, 자신이 야기하는 다툼, 곧 선한 사람들과 악한 사람들, 경건한 사람들과 신성모독자들 사이에서 벌어지는 가소로운 다툼의 무대를 발견하고, 자기 자신을 발견할 뿐이다. 하나님을 사랑하는 이는 하나님을 대지의 주님으로 여겨 사랑하고, 대지를 사랑하는 이는 대지를 하나님의 대지로 여겨 사랑한다. 하나님 나라를 사랑하는 이는 그 나라를 하나님 나라로 여겨 사랑하되, 전적으로 대지 위의 하나님 나라로 여겨 사랑한다. 그 나라의 임금은 대지의 창조자이자 보존자이시고, 대지에 복을 내리신 분, 대지의 성분으로 우리를 만드신 분이기 때문이다.

그러나 하나님은 복된 대지를 저주하셨다. 우리는 가시와 엉겅퀴가 자라는 저주받은 경작지에 살고 있다. 그러나 이 저주받은 대지 안으로 그리스도가 들어오셨다. 그리스도가 입으신 육신은 이 경작지에서 취한 것이다. 이 경작지 위에 저주의 나무가 서 있다. 그리고 이 두 번째 "그러나"가 저주받은 경작지 위에 그리스도의 나라를 하나님 나라로 세운다. 그러므로 그리스도의 나라는 위로부터 저주받은 경작지 안으로 들여보내진 나라다. 그 나라는 존재하지만, 그것은 저주받은 경작지에 숨겨진 보화와 같다. 스쳐 지나가서는 그 나라를 알 수 없다. 그리고 우리에게는 이 보지 못하는 상태가 심판이나 다름없다. 우리는 경작지와 거기서 자라는 가시와 엉겅퀴를 볼 뿐이다. 어쩌면 경작지에서 씨앗과 낟알을 볼지도 모른다. 하지만 저주받은 경작지에 숨겨진 보화는 보지 못한다. 그렇다. 바로 이것이 대지의 경작지 위에 내려진 본래의 저주다. 경작지가 가시와 엉겅퀴를 내는 것이 저주가 아니라, 경작지가 하나님의 얼굴을 숨기고 있는 것, 대지의 가장 깊은 고랑조차 숨어 계신 하나님을 우리에게 드러내지 않는 것, 바로 이것이 저주다.

그 나라가 오게 해달라고 기도할 때, 우리는 온전히 대지 위에 있는 사람으로서만 그리할 수 있다. 자신의 불행과 온갖 불행을 회피하는 자, 고립과 고독 속에서 경건한 시간을 보내며 "오직 행복"을 위해 사는 자는 그 나라가 오게 해달라고 기도할 수 없다(교회에서는 그럴 시간이 있을 수도 있지만, 우리는 그래서는 안 된다). 교회가 시간을 들여 그 나라가 오게 해달라고 기도하면, 그 시간은 기필코 교회를 대지의 자녀들 및 세상의 자녀들의 조합 안으로 밀어 넣는다. 그 시간은 교회로 하여금 대지, 불행, 배고픔, 죽음을 성심껏 대할 것을 맹세하게 하고, 악인들과 형제의 죄책과 완전히 연대하게 한다. 오늘날 우리가 시간을 내어 하나님 나라가 오게 해달라고 기도하면, 그 시간은 세상과 가장 깊이 하나가 되는 시간, 함께 이를 악물고 주먹을 떠는 시간이 된다. 그 시간은 고독하게 "오직 행복"을 속삭이는 것이 아니라, 함께 침묵하다가 다음과 같이 외치는 시간이 된다. "곤경 속에서 우리를 밀착시킨 세상은 사라지고, 당신의 나라가 우리에게 오게 하소서." 대지, 곧 "만물의 어머니"<sup>집회서 40:1</sup>인 대지를 사랑하는 것이야말로 프로메테우스<sup>Prometheus</sup>의 영원한 권리다. 이 권리 덕분에 프로메테우스는 세상을 등진 나약한 도망자가 되기보다는 하나님 나라를 가까이하게 되었다.

기발한 유토피아적 사회상과 꿈과 희망 속에서 그 나라를 직접 고안해 내는 자, 자신의 세계관을 위해 사는 자, 세상을 치료할 수많은 프로그램과 처방전을 아는 자도 그 나라가 오게 해달라고 기도할 수 없다. 그러나 우리가 그런 생각을 하고 있다는 것을 깨닫고 우리 자신을 심하게 꾸짖는 순간, 놀라운 일이 벌어질 것이다. 우리 가운데 누구도 어찌할 바를 모른 채 아주 단순한 물음을 던진다. "도대체 당신은 지상에 임하는 당신의 하나님 나라를 어떻게 생각하는지요? 도대체 당신은 어떻게 사람들을 얻을 생각인가요? 그들이 더 도덕적이어야 할까요? 그들이 더 경건해야 할까요? 그들이 더 균등해야 할까요? 그들이 덜 정열적이어야 할까요? 그들이 더는 아프지 않고, 더는 굶주리지 않고, 더는 죽음의 지배 아래 있지 않아야 할까요? 영리한 자와 어리석은 자, 강자와 약자, 빈자와 부자가 더는 없어야 하나요?" 놀랍게도 사실은 그렇지 않다. 우리는 이 물음들을 솔직하게 던지고 답하려 하지만, 더는 어찌할 줄을 모른다. 우리는 어떤 것을 원하다가도, 정당한 이유로 그것을 원하지 않기도 한다. 약간의 솔직하고 진지한 숙고로 하나님 나라라는 이상적 사회상을 이 땅에 구현하는 것은 절대 불가능하다. 우리에게는 보편적 사고思考의 가능성, 통합적 조망의 가능성이 허락되어 있지 않다. 저주받은 땅을 복된 땅으로 만들거나 회복하려고 하는 우리의 모든 바람은, 하나님이 땅을 직접 저주하셨으며, 그분만이 그 저주를 철회하시고, 그분만이 대지를 다시 복되게 하실 수 있다는 사실로 인해 수포로 돌아가고 만다. 우리는 저주받은 땅의 독에 취한 상태에서 깨어나지 않으면 안 된다. 대지는 우리의 성심을 원한다. 대지는 우리가 뒷세상의 경건한 행복으로 도주하는 것을 바라지 않고, 이 세상의 세속적 이상향으로 달아나는 것도 바라지 않는다. 오히려 대지는 노예 상태가 된 자신의 유한성을 우리에게 보여준다. 대지의 노예화는 우리의 노예화다. 우리는 대지와 함께 예속되어 있다.

죽음, 독존,[獨存, das Alleinsein] 갈증. 이는 대지를 압제하는 세 가지 힘이다. 사실상 그것은 자신이 획득한 권리를 타락한 피조물에게 넘겨주지 않는 힘이요 적이요 악마다. 사실상 그것은 창조주의 입에서 나온 저주의 힘이다. 그런 까닭에 우리의 이상적 사회상으로는 우리의 죽음, 우리의 독존, 우리의 갈증을 벗어날 수 없다. 이것들은 모두 저주받은 대지에 속해 있다. 하지만 우리는 결코 그것들을 벗어나서는 안 된다. 그 나라는 우리의 죽음, 우리의 독존, 우리의 갈증 속에서 우리에게 찾아온다. 교회가 계속 세상과 연대하면서 오직 하나님으로부터 그 나라가 오기를 기대할 때, 그 나라는 임한다.

"아버지의 나라가 오게 하소서." 도망치는 개개인의 경건한 영혼, 광신자나 다름없는 공상적 사회 개선가, 완고한 세계 개혁가는 이 기도를 할 수 없다. 이 기도는 대지의 자녀 공동체만이 할 수 있다. 대지의 자녀들은 틀어박히지도 않고, 세계 개선을 위한 특별 제안을 하지도 않고, 스스로를 세상보다 나은 자로 여기지도 않으며, 세상의 한가운데서, 세상의 밑바닥에서, 진부한 세상, 종속된 세상 안에서 함께 참고 견딘다.

그들은 확실히 이 생활에 놀라우리만치 성심을 다하고, 세상 안에서 특별한 곳을 확고히 응시하는 자들이기 때문이다. 그 특별한 곳이란 놀랍게도 저주를 깨는 음성, 곧 세상을 긍정하시는 하나님의 음성이 들리는 곳이다. 그곳은 빈사 상태의 세상, 너덜너덜해진 세상, 목마른 세상 안에서 무언가 가시화되는 곳, 우리가 믿을 수 있는 곳이다. 그곳은 다름 아닌 예수 그리스도의 부활이다. 예수 그리스도의 부활에서 명실상부한 기적이 일어난다. 예수 그리스도의 부활에서 죽음의 법이 파기되고, 하나님의 나라 자체가 지상의 우리에게, 우리 세상 안에 임한다. 예수 그리스도의 부활에는 세상에 대한 하나님의 고백, 저주를 파기하는 하나님의 은총이 자리하고 있다. 실제로 이것만이 그 나라를 구하는 기도를 불붙이는 사건이다. 이것이야말로 옛 대지를 긍정하게 하고, 하나님을 대지의 주님으로 부르게 하는 사건이다. 이것이야말로 저주받은 상태의 대지를 극복하고 돌파하고 죽이고 새 대지를 약속하는 사건이다. 하나님 나라는 지상에 임하는 부활의 나라다.

우리가 이 나라에 저항하는 것은 우리의 표리부동한 불신 때문이다. 우리는 겸손을 가장하고서 '하나님이 우리에게 오시면 안 돼. 그분은 너무나 위대하시고, 그분의 나라는 이 대지에 맞지 않아. 하나님과 그분의 나라는 영원한 내세에 있어'라며 하나님을 제한한다. 도대체 어느 겸손이 감히 하나님, 곧 죽으셨으나 부활하신 분의 활동의 한계를 정하려 한단 말인가? 이런 겸손은 하나님 나라가 무엇인지 스스로 알려고 하는 자의 음험한 오만에 지나지 않는다. 그리고 그는 똑같이 음험한 열정으로 기적을 직접 행하려고 하는 자, 하나님 나라를 직접 세우려고 하는 자, 교회의 강화,強化 문화와 정치와 교육의 기독교화, 기독교적 관습의 재생을 하나님 나라의 도래로 여김으로써, 하나님 나라를 보화로 숨기고 있는 대지의 저주에 다시 예속되는 자에 지나지 않는다. 그토록 심히 오인하여, 이 돌파, 이 기적, 부활의 나라를 가져오시는 분이 하나님 자신이라는 것을 모르다니, 그는 도대체 누구란 말인가?

하나님이 하실 수 있고 우리도 할 수 있는 일이 아니라, 하나님이 우리에게 하시고, 재삼재사 하시려는 일, 바로 그 일이 그 나라의 도래를 구하는 우리의 기도의 본바탕이다. 그 일은 하나님 나라가 대지에 맞게, 저주받은 대지에 임하는 것이고, 세상 안에서 죽음과 독존과 갈등의 법을 어기는 것이며,

전적으로 하나님의 나라, 그분의 활동, 그분의 말씀, 그분의 부활 바로 그것이다. 그것은 기적, 곧 죽음을 돌파하여 생명으로 나아가는 하나님의 기적이다. 그것은 우리의 믿음과 그 나라를 구하는 우리의 기도를 낳는 기적이다. 기적을 행하시고, 생명을 지으시고, 죽음을 이기시는 한분 하나님이 우리에게 계신 것을, 어째서 우리가 부끄러워한단 말인가? 기적을 도무지 행할 줄 모르는 신이 있다면, 그는 다름 아닌 우리 자신이다. 하나님이 실로 하나님이시라면—그분은 실로 하나님이시다—그분의 나라는 굉장할 것이고, 명실상부한 기적일 것이다. 어째서 우리는 이토록 근심하고, 이토록 고심하고, 이토록 겁이 많은가? 그분은 장차 종래의 다른 모든 것보다 천배나 더 놀라운 일들을 보여주심으로써 우리 모두를 부끄럽게 하실 것이다. 우리는 그분 앞에서, 곧 놀라우신 하나님 앞에서 부끄러워할 수밖에 없으리라. 우리는 그분의 놀라운 행사를 보고 이렇게 말할 것이다. "아버지의 나라가 우리에게 오게 하소서."

그 나라가 오게 해달라는 청원은 근심하는 영혼의 행복을 위한 구걸도 아니고, 공상적 사회개량주의자의 견강부회도 아니다. 그것은 세상 안에서 인류를 위해 괴로워하며 투쟁하는 공동체가 하나님의 영광을 인류에게 완전하게 보여 달라고 비는 청원이다. 우리가 오늘 구하는 것은 나와 하나님이 아니라, 우리와 하나님이다. "하나님, 나의 영혼에 들어오소서!"라고 기도하는 것이 아니라, "하나님, 우리 가운데 당신의 나라를 세우소서!"라고 기도하는 것, 바로 이것이 오늘 우리가 드려야 할 기도다. 하나님 나라는 어떤 식으로 우리에게 오는가? 오직 그분이 직접 오심으로써만! 달리 말하면, 그분이 직접 죽음의 법을 어기고 부활하셔서 기적을 행하시되, 대지를 긍정하시고, 대지의 질서, 대지의 공동체, 대지의 역사 속으로 들어오심으로써만 하나님 나라는 온다. 이 둘이 하나의 전체를 이룬다. 대지를 전적으로 긍정하는 곳에서만 대지를 돌파하고 파기할 수 있으며, 대지의 저주를 돌파함으로써만 대지를 진실로 중요하게 대할 수 있기 때문이다. 바꿔 말하면, 하나님은 대지의 키를 잡으시는 그만큼 대지의 죽음의 법을 돌파하신다. 이와 같이 하나님은 대지를 인정하시면서 동시에 대지의 저주를 깨신다. 하나님이 인정하시는 대지는 그분이 보존하시는 대지, 곧 타락하고 저주받은 대지다. 하나님은 대지를 자신의 작품으로 인정하신다. 그러나 하나님 나라는 그분이 계시는 곳에 있다. 하나님은 언제나 자신의 나라와 함께 오신다. 그분의 나라는 그분 자신이 걸으시는 것과 같은 길을 걷는다. 그 나라는 그분과 함께 지상에 임한다. 그 나라는 우리 가운데 두 가지 형태로만 존재한다. 하나는 대지의 모든 나라와 대지의 저주에 종속된 모든 나라, 인간이 세운 모든 나라를 돌파하고 거부하고 극복하고 무효화하는 궁극적 부활의 나라이자 기적의 나라이고, 다른 하나는 대지와 그 법칙과 공동 사회들과 그것들의 역사를 긍정하고 보존하는 질서의 나라다. 기적과 질서, 이 두 형태로 하나님 나라는 대지에 나타나 사방에 흩어진다. 기적은 모든 질서를 어기는 것이고, 질서는 기적을 목표로 보존하는 것이다. 하지만 기적은 질서의 세계 안에도 빠짐없이 숨겨져 있고, 질서는 기적을 통해서도 제한적으로나마 유지된다. 우리는 하나님 나라가 기적의 형태로 나타나는 것을 교회라고 부르고, 하나님 나라가 질서의 형태로 나타나는 것을 국가라고 부른다.

우리의 세계에서 하나님 나라는 이원二元의 형태, 곧 교회와 국가로만 존재한다. 둘은 필연적으로 서로 연관되어 있다. 어느 쪽도 홀로 있지 못한다. 한쪽이 다른 한쪽을 장악하려는 시도는 하나님 나라가 현세에서 갖는 이 연관성을 무시하는 것에 지나지 않는다. 교회와 국가를 의미하지 않는 하나님 나라의 도래를 구하는 기도는 모두 둔세주의 내지 세속주의이고, 하나님 나라를 믿지 않는 기도다.

교회가 하나님의 기적에 대해 증언할 경우, 하나님 나라는 교회 안에서 형태를 띠게 된다. 그리스도가 죽은 자들 가운데서 부활하셨다고 증언하는 것, 저주 아래 놓인 이 세상의 죽음의 법이 종식되었다고 증언하는 것, 새롭게 창조하시는 하나님의 능력을 증언하는 것이 교회의 임무다.

국가가 생명 보존의 질서를 인정하고 유지할 경우, 국가가 책임을 자각하여 이 세상의 와해를 방지하고 제 권위를 내세워 생명 파괴에 맞설 경우, 하나님 나라는 국가 안에서 형태를 띠게 된다. 새 생명의 창조가 아니라, 주어진 생명의 보존이 국가의 임무다.

따라서 앞서 말한 죽음의 힘은, 교회 안에서는 부활의 기적을 힘차게 증언함으로써 무화되고, 국가 안에서는 생명 보존의 질서를 통해 저지된다. 국가는 자신의 온전한 권위로 생명의 질서에 대한 책임을 자각하고, 그 권위로 교회의 증언—부활의 세계에서 죽음의 법이 파기되었다는 증언―을 가리킨다. 그리고 교회는 부활을 증언함으로써, 저주의 세계―기존 세계―안에서 보존하고 정돈하는 국가의 활동을 가리킨다. 이와 같이 교회와 국가는 하나님 나라의 증거가 된다. 하나님 나라는 전적으로 하나님의 나라이자 전적으로 우리를 위한 나라다.

교회 안에서 참회와 용서의 기적을 통해 인간의 독존을 극복할 경우, 하나님 나라는 교회 안에서 형태를 띠게 된다. 교회, 곧 부활에 의해 세워진 성도 공동체 안에서는 한 사람이 다른 사람의 죄책을 짊어질 수 있고 마땅히 그래야 하므로, 최후의 묶인 상태인 독존과 증오는 산산조각 나고, 공동체가 새롭게 형성된다. 도무지 이해할 수 없는 참회의 기적은 기존의 모든 공동체를 헛된 것으로 만들고, 무효화하고 파기하고 깨뜨리며, 부활 세계의 새 공동체를 세운다.

국가가 기존 공동체의 질서를 권위 있고 책임감 있게 유지할 경우, 국가 안에서 하나님 나라는 형태를 띠게 된다. 국가는 독존을 원하는 개개인의 의지 때문에 인류가 멸망하는 일이 없도록, 저주의 세계 안에서 공동체와 결혼과 가정과 민족의 질서 유지를 용인한다. 즉, 국가의 임무는 새로운 공동체의 창출이 아니라 기존 공동체를 보존하는 것이다.

독존의 힘은 교회 안에서는 참회의 사건 속에서 무력화되고, 국가 안에서는 공동체 질서의 유지를 통해 저지된다. 거듭 말하건대, 국가는 자신의 제한된 활동으로 부활 속에서 이루어지는 하나님의 궁극적 기적을 가리키고, 교회는 세계 돌파에 대한 자신의 힘찬 증언으로 저주의 세계 안에서 이루어지는 질서 유지를 가리킨다.

교회가 하나님의 기적을 증언함으로써 인간의 갈증의 힘을 거룩하게 변화시킬 때, 교회 안에서 하나님 나라는 형태를 띠게 된다. 온통 자기에게 주의를 기울이는 인간의 갈증은, 교회가 그리스도의 십자가와 부활을 선포할 때 유죄 판결을 받고 수포로 돌아가며 분쇄된다. 우리의 갈증에 유죄 판결을 내리는 것은 십자가에 달리신 그리스도의 몸이다. 하지만 우리의 갈증은 이와 동시에 부활의 세계 안에서 거룩해지고, 타인에 대한 갈증, 하나님에 대한 갈증, 형제자매에 대한 갈증으로, 사랑에 대한 갈증, 평화와 기쁨과 행복에 대한 갈증으로 재창조된다.

국가가 인간의 갈증을 권위 있게 책임적으로 제어하고 질서 있게 절제시킬 때, 국가가 인간의 갈증으로부터 다른 인간을 지키고 보호할 때, 국가 안에서 하나님 나라는 형태를 띠게 된다. 그러나 인간의 갈증은 없어지지 않고 다만 제어될 뿐이다. 그럼으로써 인간의 갈증은 타락한 세계의 공동체를 섬기는 일에 자기를 입증해 보이고 효과를 발휘하게 된다. 여기에도 사랑이 존재하지만, 그것은 언제나 증오의 가능성에 잠겨 있다. 여기에도 기쁨이 존재하지만, 괴롭게도 그것은 덧없는 것이 되고 만다. 여기에도 행복이 존재하지만, 언제나 절망의 언저리에 있을 뿐이다.

갈증의 힘은 교회 안에서 극복되어 신성하게 되고, 국가 안에서는 정돈되고 제어된다. 이 점에서도 국가의 제한된 활동은 교회의 힘찬 증언을 가리키고, 교회는 이 저주의 세계 안에서 자기 임무를 수행하는 국가의 질서를 가리킨다.

교회는 국가를 제한하고, 국가는 교회를 제한한다. 양자는 이 상호 제한을 의식하고 긴장된 공존 상태를 유지할 뿐, 상대방을 침범하지 않는다. 어느 한쪽만이 아니라 양쪽 모두 하나님 나라를 함께 가리키며, 그 나라를 두 형태로 증언한다.

이것은 이론적인 숙고에 머물지 않으며, 우리가 교회와 국가 사이에서 국민에 대해 말할 때 대단히 진지한 숙고가 된다. 국민이 국가와 교회 안에 존립하는 이유는 국민이 하나님 나라로 부름받기 때문이다. 이제 국민, 곧 우리 자신은 만남이 이루어지는 무대가 되고, 경계선들을 진지하게 대하도록 요청받는 자들이 된다. 우리는 경계선들이 서로 충돌하여 불꽃을 일으키는 곳, 하나님 나라의 살아 있는 영을 알아보기 시작하는 곳이 된다. 우리가 "아버지의 나라가 오게 하소서"라고 기도한다면, 이는 교회가 하나님의 부활이라는 기적을 증언하게 해달라는 기도이자, 국가가 저주받은 기존 세계의 질서를 권위 있게 수호하게 해달라는 기도이기도 하다. 교회는 기적 안에서만, 그리고 국가는 질서 안에서만 제 직무를 수행하게 해달라고 비는 것, 하나님 나라의 백성인 전 기독교도가 교회와 국가 사이에서 복종하며 살게 해달라고 비는 것, 이것이 바로 하나님 나라가, 그리스도의 나라가 이 세상에 오게 해달라고 청하는 기도다.

　　그리스도의 나라는 하나님 나라이지만, 우리를 위해 제정된 형태의 하나님 나라다. 그리스도의 나라는 가시적이고 강력한 제국, 세상의 "새" 나라가 아니라, 분열되고 모순된 세계 안으로 들어온 다른 세계의 나라다. 또한 그리스도의 나라는 부활과 기적을 힘없이 무방비 상태로 알리는 복음이자, 권위와 힘을 가지고 질서를 유지하는 국가이기도 하다. 양측의 올바른 관계와 경계 설정 속에서만 그리스도의 나라는 현실이 된다.

냉정하게 여겨질지 모르나, 그 나라는 마땅히 그래야 한다. 그래야만 그 나라는 우리에게 복종하라고, 교회와 국가 안에서 하나님께 복종하라고 소리칠 수 있다. 하나님 나라는 세상을 등지는 데 있지 않다. 하나님 나라는 우리 가운데 있다. 하나님 나라는 우리가 그 나라의 모순투성이 현상에 복종하기를 바라고, 처음부터 끝까지 우리의 복종을 통해 저 완전하고 복된 궁극적 약속의 새 세상으로부터 놀라운 일, 곧 심상치 않은 조짐이 재삼재사 일어나기를 바란다. 하나님은 다른 어떤 곳이 아니라 이 세상에서 우리로부터 영광받기를 바라시고, 형제 안에서 영광받기를 바라신다. 하나님은 자신의 나라를 저주받은 땅으로 들여보내신다. 하나님은 우리가 눈을 뜨고 깨어나 이 세상에서 자기에게 복종하기를 바라신다. "내 아버지께 복을 받은 사람들아, 와서, 이 나라를 물려받아라." 이는 주님이 다음과 같은 사람들에게 건네시는 말씀이다. "너희는, 내가 주릴 때에 내게 먹을 것을 주었고, 목마를 때에 마실 것을 주었다. (…) 너희가

여기 내 형제자매 가운데 지극히 보잘것없는 사람 하나에게
한 것이 곧 내게 한 것이다."마 25:34-40

하나님 나라는 영원해야 한다. 그런 까닭에 하나님은
새 하늘과 새 땅을 창조하신다. 그러나 새 땅은 현실적이다.
그럴 때에 하나님 나라도 이 세상에, 새로운 약속의 땅에, 옛
창조의 땅에 있게 될 것이다. 우리가 교회의 말씀 안에서 증언
하는 부활의 세계, 국가가 가리키는 부활의 세계를, 우리는 장
차 보게 될 것이다. 우리는 분열 상태 그대로 머물지 않을 것
이고, 하나님은 전부가 되실 것이며, 그리스도는 자신의 나라
를 하나님께 바칠 것이며, 그러면 완전한 나라가 현존하게 될
것이다. 눈물, 슬픔, 비명, 죽음이 더는 존재하지 않는 나라, 생
명의 나라, 연합의 나라, 변모의 나라가 현존하게 될 것이다.
교회도 국가도 더는 존재하지 않고, 자기들의 임무를 그것을
맡기신 분에게 되돌려 드리게 될 것이다. 그분만이 홀로 창조
주로서, 십자가에 달리시고 부활하신 분으로서, 거룩한 공동
체를 완전히 다스리시는 영으로서 주님이 되실 것이다.

우리는 "아버지의 나라가 오게 하소서"라고 기도하면서
그분의 나라가 이미 우리 가운데 시작되었다고 확신한다. 루터

는 우리가 기도하지 않아도 그 나라는 온다고 말하지만, 우리는 이 기도를 드리면서 그 나라가 우리에게도 오게 해달라고, 우리가 그 나라의 바깥에서 발견되는 일이 없게 해달라고 청한다.

구약성경은 우리에게 야곱의 기이한 이야기를 전해 준다. 야곱은 자기 형과 사이가 나빠져서 고향 땅, 곧 하나님이 약속하신 땅에서 도망쳐, 여러 해 동안 타향살이를 한다. 이제 그곳은 그를 더는 오래 붙잡지 않는다. 그는 하나님이 약속하신 땅으로 돌아가기를, 자기 형에게로 돌아가기를 바란다. 그는 떠돈다. 마침내 약속의 땅에 다시 들어서기 전날 밤이 된다. 이제 약속의 땅에서 그를 떼어 놓는 것은 작은 강뿐이다. 그가 강을 건너려고 하자, 누군가 막아서며 그와 씨름을 벌인다. 야곱은 그를 알지 못한다. 때도 한밤중이다. 자칫하면 야곱이 고향 땅으로 돌아가지 못하고, 약속의 땅 입구에서 쓰러져 죽을지도 모를 판이다. 하지만 야곱은 엄청난 힘을 발휘하여 저항하며 상대방을 꽉 붙잡는다. 그때 상대방이 "날이 새려고 하니 놓아 달라"고 말한다. 이에 야곱은 마지막 남은 힘까지 다해 그를 놓아주지 않는다. "나에게 축복해 주지 않으면 당신을 보내지 않겠소." 상대방은 자신에게 죽음이 임박했다고 생각했는지 야곱을 거칠게 건드린다. 바로 그 순간 야곱은 축복을 받는다. 그리고 낯선 사람은 더는 보이지 않는다. 해가 솟아올라 야곱을 비춘다. 그는 엉덩이뼈가 상해서 절뚝거리며 걷는다. 하지만 이미 약속의 땅으로 들어간 상태다. 길이 트이고, 약속의 땅에 이르는 어두운 문이 열렸다. 저주가 변하여 복이 되었다.

　　우리의 모든 길이 밤을 통과하여 약속의 땅으로 이어지는 것, 우리도 그 길만 걸으면서 하나님과 겨루다가, 하나님 나라와 그분의 은총을 위해 싸우다가 보기 드물게라도 상처 자국을 얻게 되는 것, 절뚝거리는 승리자로서 하나님과 형제의 땅에 들어가는 것, 우리는 바로 이것을 야곱과 공유하고 있다. 우리에게도 해가 비치도록 정해졌음을 아는 것, 바로 이것이 우리로 하여금 우리에게 부과된 떠돌음과 기다림과 믿음의 시간을 인내하며 견딜 수 있게 한다. 그러나 우리는 야곱을 넘어 다른 것도 알고 있다. 이를테면 우리가 오는 것이 아니라, 그분이 오신다는 것이다. 위령주일Totensonntag 전날[2]인 오늘, 대림절과 성탄절이 곧바로 이어진다는 사실은 우리의 위로가 된다. 그러므로 우리는 이렇게 기도한다. "아버지의 나라가 우리에게도 오게 하소서."

# 시편 119편 묵상[미완성 단편] 1939/1940년

## 편집자 머리말

문서로 작성된 이 시편 119편 묵상과 관련해 본회퍼가 남긴 쪽지들이 있다. 그 쪽지들에서 본회퍼는 1. 반복되는 히브리기근어基根語를 사전 및 색인 작업 방식으로 논구하고, 2. 주석들, 특히 젤린Sellin과 궁켈Gunkel의 주석을 나란히 제시하고, 3. 이 시편에서 반복되는 전기적 진술과 주요 내용을 다루고, 4. 로마가톨릭에서 성무일도의 교창交唱을 위해 각 연을 아침기도,Prim 제3시 기도,Terz 제6시 기도,Sext 제9시 기도None에 분배한 것을 적고, 5. 이러한 분배 시도를, 1939/1940년 겨울 수련목회자 모임 회원들에게 맡겨 작성하게 한 그때그때의 표제와 함께 설명하고, 6. 두 차례에 걸쳐 각기 여덟 절로 구성된

스물두 연을 핵심어로 정리한다.

a)

1.   1–8절       율법에 따른 행위를 예찬함.

2.   9–16절      깨끗한 길.

3.   17–24절     율법의 조명, 율법의 놀라움, 열린 눈.

4.   25–32절     율법의 힘, 청량제.

5.   33–40절     (불변하고) 확고함.

6.   41–48절     신앙고백(의 즐거움).

7.   49–56절     조롱하는 자들?

8.   57–64절     경건한 자들의 공동체, 공동 사회.

9.   65–72절     겸손하게 해주심(에 대한 감사).

10.  73–80절     위로(의 간청)—위안.

11.  81–88절     얼마나 오래?

12.  89–96절     세상의 덧없음, (율법의) 영원함.

13.  97–104절    (율법으로) 슬기로워짐.

14.  105–112절   (율법을 성실히 지키겠다는) 맹세.

15.  113–120절   하나님의 심판을 두려워함—깜짝 놀람.

16.  121-128절  멸시받는 율법을 사랑함—율법 사랑.

17.  129-136절  (율법에 대한) 갈망—율법 갈망.

18.  137-144절  (율법을 위한) 열심.

19.  145-152절  (율법을 위해 헌신하는) 낮과 밤.

20.  153-160절  하나님의 소송.

21.  161-168절  하나님의 소송.

22.  169-176절  찾으시는 하나님(하나님은 자기를 찾는 이
들을 찾으신다).

b)

1.  예찬.

2.  깨끗한.

3.  열린 눈.

4.  청량제.

5.  확고함.

6.  신앙고백.

7.  경험.

8.  공동 사회.

9.  겸손하게 해주심—회심?

10.   심판과 위로와 원수의 섬멸과 공동체 형성을 통한 위안.

11.   얼마나 오래? 갈망—열정?

12.   영원—무엇이 변함없이 존재하는가? "나는 주님의 것."

13.   슬기로워짐.

14.   맹세.

15.   깜짝 놀람—단순함? 하나님 경외.

16.   율법 사랑.

17.   율법 갈망.

18.   열심. 거룩함, 구속력 있는.

19.   낮과 밤. 원수가 가까이 있으나,

      하나님은 더 가까이 계신다.

20.   하나님의 소송—나를 살려 주십시오.

21.   평안—기다림—기쁨—위대한 사람들.

22.   찾으시는 하나님.

# I.    예찬

1절: 그 행실이 온전하고 주님의 법대로 사는 사람은, 복이 있다.

이렇게 말하는 사람은 이미 이루어진 시작을 전제로 하고 있다. 그는 하나님과 함께하는 삶이 끊임없이 새로운 시작으로만 이루어지는 것이 아니라는 걸 이해하게 한다. 그래서 그는 그 삶을 행실, 곧 하나님의 율법 안에서 행하는 것이라 부른다. 이로써 그는 시작이 이미 이루어졌음을 확인하고, 승인하며, 더는 그 이전으로 돌아가려고 하지 않는다. 하나님이 이미 우리와 함께 시작하셨으므로, 하나님과 함께하는 우리의 삶은 하나님의 율법 안에서 걷는 길이 된다. 이는 인간이 율법의 종노릇을 한다는 것인가? 그렇지 않다. 그것은 끊임없는 시작이라는 죽음의 법에서 벗어나는 것이다. 날마다 새로운 시작을 기다리는 것, 새로운 시작을 몇 번이고 시도했다가 저녁에는 포기해도 된다고 생각하는 것, 이런 것이야말로 이전에 용서와 쇄신의 말씀 안에서, 예수 그리스도 안에서, 나의 세례와 나의 거듭남 속에서, 나의 회심 속에서 시작하신 하나님에 대한 믿음을 완전히 파괴하는 짓이다. 하나님은 나를 자기에게로 단번에 돌이키셨건만, 나는 하나님께로 단번에 돌이키지 않은 것이다. 하나님께서 시작하셨다는 이 사실이야말로 믿음의 유쾌한 확실성이다. 그러므로 나는 하나님께서 **단번에** 이루신 시작 옆에 나 자신의 무수한 시작이 자리하게 해선 안된다. 나는 나 자신의 무수한 시작에서 벗어나, 하나님의 시작 아래 서야 한다. 이제 공동체의 구성원들은 새롭게 시작하리라는 다짐을 더는 서로 말해선 안 된다. 그들은 새로운 시작을 계속해서 선사받는 자들로서 말하되, 하나님께서 시작하셨다는 사실에서 출발해 하나님께서 다시 찾으신다[176절]는 사실로만 끝나는 길을 함께 걷는 자들이다.

　　이 시작과 이 끝 사이에 자리한 길이 바로 하나님의 율법 안에서 행하는 길이다. 그것은 매우 다양하고 풍부하며 지식과 경험이 무한한 하나님의 말씀 아래 사는 것이다. 이 길에 도사리고 있는 위험은 사실상 한 가지뿐이다. 시작 이전으로 돌아가려 하거나, 목적지가 시야에서 사라지는 것이다. 그 순간 길은 곧 은혜의 길과 믿음의 길이 되기를 멈추고, 하나님 자신의 길이 되기를 멈춘다.

우리는 시편 기자와 함께 그 길을 걷는 사람으로 부름 받았다. 그 길이 정녕 참된 길인지, 그 참된 시작이 우리에게도 적합한 것인지를 따지는 물음은 원칙적으로 제기되지 않는다. 그런 물음은 우리를 무익한 공포 속으로 밀어 넣을 뿐이다. 우리는 우리 자신을 그 길 위에 놓인 사람, 그 길만 걸을 수 있는 사람으로 이해할 줄 알아야 한다. 시작을 더는 명시적으로 말하지 않고, 시작을 이미 이루어진 것으로 전제하고, 시작을 명백하게 하고 그럼으로써 사람이 이 시작에 마음을 빼앗기는 데는 나름의 충분한 이유가 있다. 새로운 시작의 모색에서 벗어나지 못하는 사람은 율법 **아래** 있으면서 율법 때문에 녹초가 되고 파멸하고 말지만, 이미 찾아낸 시작에서 출발하는 사람은 하나님의 율법 **안에** 있으면서 율법의 지지와 보호를 받으며 살아간다. 우리는 이제야 시편 기자가 다음과 같은 사람들에게 복을 선언하며 시작하는 이유를 이해할 수 있다. 하나님이 하신 일을 자기를 위해 하신 일로 받아들이는 사람들, 더는 하나님의 행위에 반발하며 살지 않는 사람들, 하나님의 행위의 지지를 받고, 그 행위 안에 숨고, "율법 안에서"im Gesetz 행하는 사람들. 그러나 찬미의 대상은 사람이 아니라, 하나님의 율법이다. 이 율법 안에서 사람은 그 복으로 나아갈 수 있기 때문이다.

이 "율법"은 무엇인가? "나중에 당신들의 자녀가, 주 당신들의 하나님이 당신들에게 명하신 훈령과 규례와 법도가 무엇이냐고 당신들에게 묻거든, 당신들은 자녀에게 이렇게 일러 주십시오. '옛적에 우리는 이집트에서 바로의 노예로 있었으나, 주님께서 강한 손으로 우리를 이집트에서 이끌어 내셨다. 그때에 주님께서는 우리가 보는 데서, 놀라운 기적과 기이한 일로 이집트의 바로와 그의 온 집안을 치셨다. 주님께서는 우리를 거기에서 이끌어 내시고, 우리의 조상에게 맹세하신 대로, 이 땅으로 우리를 데려오시고, 이 땅을 우리에게 주셨다. 주님께서 우리에게 이 모든 규례를 명하여 지키게 하시고, 주 우리의 하나님을 경외하게 하셨다. 우리가 그렇게만 하면, 오늘처럼 주님께서 언제나 우리를 지키시고, 우리가 잘 살게 하여 주실 것이다. 우리가 주 우리의 하나님 앞에서, 그가 우리에게 명하신 대로 이 모든 명령을 충실하게 지키면, 그것이 우리의 의로움이 될 것이다.'"<sup>신 6:20-25</sup> 율법이 무엇인가 하는 물음의 답은 다음과 같다. 하나님의 구원 행위, 하나님의 명령, 그리고 하나님의 약속. 이미 이루어진 구원과 미래의 약속을 알지 못하는 사람은 하나님의 율법을 이해할 수 없다. 율법이 무엇이냐고 묻는 사람은, 예수 그리스도를 떠올리고, 하나님이 그분 안에서 인간을 위해 완수하신 구원, 곧 죄와 죽음의 종살이로부터의 구원을 떠올리고, 또 하나님이 예수 그리스도 안에서 온 인류를 위해 새롭게 하신 시작을 떠올리게 마련이다. 하나님의 율법이 무엇이냐는 물음의 답은 윤리학이나 규범이 아니라, 이미 완결된 하나님의 행위이다. 우리가 어떻게 하나님과 함께하는 삶을 시작할 수 있었는가 하고 물으면, 성경은 하나님이 이미 오래전에 우리와 함께하는 삶을 시작하셨다고 답한다. 우리가 하나님을 위해 무슨 일을 할 수 있는가 하고 물으면, 성경은 하나님이 먼저 우리를 위해 무언가를 하셨다고 말한다. 우리가 어떻게 하나님 앞에서 죄 없이 살 수 있는가 하고 물으면, 성경은 예수 그리스도 안에서 모든 죄가 용서되었다고 말한다. 우리의 시선이 미래의 행위 쪽으로 향할 때, 하나님의 말씀은 우리를 과거로 불러내어 "기억하라!"고 촉구한다.<sup>신 7:18, 8:2, 32:7</sup> 우리가 이미 결정이 내려졌고, 이미 시작이 이루어졌으며, 이미 행위가 이루어졌음을 알 때, 하나님의 결정, 하나님의 시작, 하나님의 행위를 마주하여 우리가 그 속에 포함되어 있음을 알 때 비로소 하나님의 명령을 생명의 법으로 귀담아들을 수 있다. 이 법은 하나님이 오래전에 모든 것을 행하시면서 염두에 두신 사람들, 지금 "율법 안에" 있는 사람들의 생명의 법이다.

하나님의 율법은 그분의 구원 행위와 떼려야 뗄 수 없는 관계다. 십계명의 하나님은 "너희를 이집트 땅 종살이하던 집에서 이끌어 낸 주 너희의 하나님이다."출 20:2 하나님은 자기를 사랑하는 사람들, 그분이 친히 택하시고 영접하신 사람들에게 자신의 율법을 선사하신다.신 7:7-11 하나님의 율법을 아는 것이 은혜이자 기쁨이다.신 4:6-10 하나님은 그분의 은혜를 맞아들이는 이들에게 생명의 길이시다.레 18:5 "주님께서 뭇 백성을 사랑하시고, 그에게 속한 모든 성도를 보호하신다. 그러므로 우리가 주님의 발 아래에 무릎을 꿇고, 주님의 말씀에 귀를 기울인다."신 33:3

토라, 곧 율법은 본래 제비뽑기에 의해 정해진 것을 의미한다. 그것은 인간의 힘이 다 소진되고 하나님께서 홀로 행하시고 결정하셔야 하는 자리에서 인간이 구할 때 공표되는 하나님의 의사 표현이다. 토라는 하나님이 사람들 위에 던지신 주사위다. 그분은 인간의 모든 예상과 생각을 능가하신다. "제비³가 나에게 던져져서 좋은 것이 되었고, 나에게 훌륭한 유산이 되었습니다."⁴ 시 16:6 하나님의 의사 표현은 인간에게 은혜와 생명을 의미하고, 죄의 용서를 통해 하나님 앞에서 하나님과 함께 영위하는 삶을 의미한다.

그러므로 "주님의 법대로 사는 사람은, 복이 있다." 그는 하나님의 일을 자신을 위한 것이 되게 하려고 담대히 시도한 사람, 이미 실행된 하나님의 시작에 기원을 두는 사람이다. 그는 전투에서 승리를 거둔 자와 같으며, 사망의 골짜기를 통과한 생활인과 같다. 그는 캄캄한 밤이 지나고 해가 떠오르자 제 길을 찾은 사람과 같다. 이제 그는 새로운 미래를 향해 기지개를 켜고 승리에서 승리로 나아간다. 그는 지금 빛 가운데 여행하는 사람이다.

그가 복이 있는 것은, 자신이 시작을 이루어야 하는 괴로움에서 놓여났기 때문이다. 그가 복이 있는 것은, 그가 자신의 시작으로 하나님의 시작에 엇설 때 생기는 내적 불화를 극복하고, 하나의 통일체가 되고, 온전해지고, "성한 상태가 되며", 흠잡을 데 없는 상태가 되었기 때문이다. 루터는 1521년 처음으로 이 시편을 번역하는 중에 "흠잡을 데 없는 사람들"을 언급하고, 이 단어를 바울이 목회서신에서 사용했음을 상기시키면서 다음과 같이 말한다. "인간의 다른 교훈에 끌리지 않는 것이야말로 흠잡을 데 없는 것이다." 그가 복이 있는 것은, 그가 그런 자기 결정의 법과 결별하고, 하나님의 율법 안에서 살아가기 때문이다.

하나님의 율법 안에서 살며 복과 기쁨을 누리는 **"사람은 복이 있다."** 하나님의 명령대로 행하는 사람이 건강히 사는 것이 하나님의 뜻이다. 우리가 이 문장에 당황하여, 하나님은 우리의 건강을 염려하는 것 말고 더 위대한 일을 계획하고 계신다고 말한다면, 그것은 결코 강하고 성숙한 믿음의 표지가 아니다.<sup>신 27:9</sup> 하나님보다 더 영적인 존재가 되고자 하는 그리스도인들이 있다. 그들은 고투, 단념, 고난, 십자가를 즐겨 말하지만, 성경은 그런 것들은 물론이고, 경건한 자의 복과 의인의 안녕도 자주 충분히 언급하지 않음으로써 그들을 심히 난처하게 만든다. 그때 그들은 "그것은 구약적인 낡은 잔재일 뿐이야"라고 말한다. 그들이 당혹해하는 첫 번째 이유는, 그들의 마음이 너무 편협해서 하나님의 완전한 자비를 이해하지 못하기 때문이고, 하나님이 그분의 율법 안에 살아가는 이들에게 현세의 선물을 넘치게 베풀어 주시는데도 그분에게 경의를 표하지 않기 때문이다. 그들은 성경을 가르치는 교사가 되려고만 하고, 그럼으로써 그리스도인으로서 자기 신분의 충만한 기쁨을 잃은 채, 하나님이 베풀어 주신 많은 은혜에 마땅한 감사를 표하지 않는다.

　　이 시편은 하나님의 율법 안에서 살아가는 이들에게 복과 안녕과 기쁨을 약속하는데, 우리는 이것을 앞서 말한 대로 이해해야 한다. 여기서는 처음부터 끝까지 오직 현세의 삶을 생각해야 한다. 경건한 이들은 부인하고 싶겠으나, 그들이 이미 안녕하고,[시 37:37] 복과 기쁨이 넘치는 삶을 영위하고 있으며,[시 37:25] 좋은 것이 조금도 부족하지 않으며,[시 34:10] "좋은 일"을 보고 있으며,[시 34:12] 주님이 그들 마음의 소원을 족히 들어 주신다[시 37:4]는 것은 사실이 아닌가? "너희에게 부족한 게 있더냐?" "주님, 없습니다."[눅 22:35] 물론 이는 하나님의 선물이 어떻게 오던 간에, 그저 목숨을 근근이 이어 가게 하는 정도라도 그 선물로 만족하는 사람만 할 수 있는 말이다. 그렇게 만족하는 마음만이 늘 안녕할 것이다. "우리는 먹을 것과 입을 것이 있으면, 그것으로 만족해야 할 것입니다."딤전 6:8

의인이 받는 억압과 괴로움을 슬피 여겨 탄식하는 시편들 속에서 자기 백성에게 복 주시는 하나님의 자비를 찬미하는 부분이 특히 강하게 나타난다는 사실은 놀라운 관찰이 아닐 수 없다. 이 시편의 기도자 역시 불행과 시련을 겪고 있었다. 그러나 과연 경건한 자는 곤경에 처하여, 이제까지 하나님이 그를 보호해 주신 것과 지금도 여전히 유지되고 있는 모든 선물에 감사할 이유가 없는가? "의인의 하찮은 소유가 악인의 많은 재산보다 낫다."시 37:16 그는 설령 하나님이 공로와 지위에 따라 그를 다루신다고 해도, 자기가 받을 것은 진노와 징계뿐이라는 것을 알지 못하는가?

"그들은 복이 있다." 예수께서는 "그들은 행복하다"라고 말씀하셨다. 루터도 1521년 이 시편을 처음 번역할 때 '복이 있는'wohl이란 뜻의 단어를 '행복한'selig으로 옮겼다. 이 두 표현은 동일한 히브리어 단어를 번역한 것이다. 그들이 행복한 것은 부족한 게 없어서가 아니라, 그들이 하나님의 손으로부터 모든 것을 받았기 때문이다. "잠잠히 주님을 바라고, 주님만을 애타게 찾아라."시 37:7 그들은 하나님이 "믿는 사람과 진리를 아는 사람"딤전 4:3을 위해 베푸신 일용할 양식을 먹되, 감사를 표하고 먹는다. 그들은 창조의 선한 선물이 그들을 위해, 곧 그들이 삶을 영위하며 감사를 표하도록 하기 위해, 그리스도를 세상의 주님으로 고백하고 전하도록 하기 위해 있는 것임을 안다. 그들은 복음을 위하여 집이나 형제나 자매나 부모나 자녀나 지위를 버린 사람은 "지금" 그것을 백배나 받는다는 예수의 말씀이 그 이상이라는 것을 신자들의 공동 사회 안에서 날마다 경험한다. 그들은 "오는 세상에서 영원한 생명"까지 받게 될 것이라고 믿는다.막 10:29-30 그들은 "주님의 한결같은 사랑이 생명보다" 낫다는 사실도 알고 인정한다.시 63:3 그들은 온갖 좋은 선물에 감사하고, 그 모든 선물을 주신 분에게만 자신의 마음을 바친다.

그러나 하나님께서 자신의 사람들에게 실제로 그리스도를 위해 십자가와 죽음으로 이어진 고난의 잔을 주어 마시게 하실 때,벧전 4:17 그들이 언제나 그 가치를 적게 인정하더라도, 그분은 그들의 마음을 미리 준비시켜서 그들이 굳센 믿음으로 전혀 새롭고 결연히 다음의 말씀을 증명하도록 하신다.

"주님의 법대로 사는 사람은, 복이 있다."

　　개인에게 긴요한 것은 공동 사회와 가정, 민족에게도 긴요하다. 하나님의 율법 안에서 행하는 가정과 민족은 복이 있다.<sup>시 112편을 읽어 보라!</sup> 율법을 주신 하나님과 세상을 다스리시는 하나님은 동일한 분이므로,<sup>시 19편을 읽어 보라!</sup> 땅도 하나님의 율법 안에서 살아가는 사람들의 차지다.<sup>마 5:5, 시 37:9, 11</sup> 교만, 자만, 불의는 스스로 망하지만, 겸손과 하나님 경외, 훈육과 질서, 옳음과 진리는 영원토록 지속된다. 하나님은 "위로는 하늘에서 아래로는 땅 위에서 하나님"이기 때문이다.<sup>수 2:11</sup>

　　2절: 주님의 증거를 지키며 온 마음을 기울여서 주님을 찾는 사람은, 복이 있다.

첫 번째 복의 선언이 끝나고 두 번째 복의 선언이 이어진다. 여기서 증거는 하나님께서 자신의 사람들이 길을 잃지 않도록 그 길 위에 세우신 기념물을 가리킨다. 이 단어는 바빌론 포로기에야 비로소 자주 사용된다. 그 형벌과 참회의 시기에 사람들은, 하나님의 백성이 걷는 길은 시험과 검증의 길이며, 율법이 주어진 것은 주 하나님을 기억하도록 하기 위해서라는 것을 알게 된다.느 9:34 이제 그들은 언약궤를 "증거궤"라고 부르고,출 25:22 십계명은 "증거판"이라고 부르며,출 31:18성소는 "증거궤가 보관된 성막"민 9:15 또는 "증거판을 간직한 성막"이라고 부른다.출 38:21 이로써 그들은 이 모든 것이 그 자체로는 궁극적 의미를 갖지 않으며, 증거 곧 증언은 하나님 자신을 위한 것임을 표현하고자 했다. 십계명 안에서, 궤 안에서, 성막 안에서 오직 하나님 한분을 찾고 경외하는 사람만이 그 실체를 이해할 수 있었다. 그러나 하나님은 그와 같은 기념물을 자기 백성에게 주신다. 이는 그 백성이 시험 속에서 제 믿음을 입증해 보이게 하시려는 것이며, "나중에 당신들이 잘되게 하시려는"신 8:16 것이다. 하나님은 자신의 명령을 통해 우리에게 자신을 기억하게 하고, 또 우리에게 자신을 증언하는 주님이시므로, 계명의 외적 이행은 충분할 수 없다. 계명을 이행할 때는 입술과 두 손뿐만 아니라, 갈라지지 않은 온전한 마음도 있어야 한다. 마음은 증거들이 말하는 그분을 끊임없이 탐색하는 중이어야 한다.

　　마음은 계명과 예배와 기도 속에서 그 모든 것을 주신

분을 찾는다. 마음은 빈둥거리거나 싫증을 내지 않고, 끊임없이 하나님과 그분의 계시를 구하며, 말들 안에서 말씀을, 율법 안에서 복음을 구한다. 하나님의 증거를 지키는 사람, 마음을 다해서 하나님을 찾는 사람은 행복하다. 그 이유는 그가 어디서 찾아야 하고 누구를 발견하게 될는지 지시를 받고서만, 찾으면 발견하게 되리라는 약속을 받고서만 찾아 나설 수 있기 때문이다.

> 3절: 진실로 이런 사람들은 불의를 행하지 않고, 주님께서 가르치신 길을 따라 사는 사람이다.

하나님의 길은 그분이 친히 걸으신 길이자, 우리가 그분과 함께 걸어야 할 길이다. 하나님은 친히 걷지 않으신 길, 우리보다 먼저 걸어 보지 않으신 길을 우리가 걷게 하지 않으신다. 하나님이 우리를 부르시는 길은 그분이 닦으시고 지키시는 길이다. 따라서 이 길은 정녕 그분의 길이다. "주님께서는, 그들이 밤낮으로 행군할 수 있도록, 낮에는 구름기둥으로 앞서가시며 길을 인도하시고, 밤에는 불기둥으로 앞길을 비추어

주셨다. 낮에는 구름기둥 밤에는 불기둥이 그 백성 앞을 떠나지 않았다."출 13:21-22 "하나님, 주님의 길은 거룩합니다. 하나님만큼 위대하신 신이 누구입니까? (…) 주님의 길은 바다에도 있고, 주님의 길은 큰 바다에도 있지만, 아무도 주님의 발자취를 헤아릴 수 없습니다. 주님께서는, 주님의 백성을 양 떼처럼, 모세와 아론의 손으로 인도하셨습니다."시 77:13, 19-20

하나님과 함께하면 제자리걸음 하는 일 없이 길을 걷게 된다. 하나님과 함께 앞으로 나아갈 것인가, 그렇지 않을 것인가가 있을 뿐이다. 오직 하나님이 길 전체를 아시고, 우리는 다음 걸음과 최종 목적지만 알 뿐이다. 멈춤이란 없다. 매일, 매시간 멈추지 않고 계속 나아간다. 이 길에 발을 들여놓은 사람의 삶은 방랑길이 된다. 푸른 초장을 지나가기도 하고, 캄캄한 골짜기를 지나가기도 하지만, 주님이 항상 바른길로 인도해 주신다.시 23편 "주님께서는, 네가 헛발을 디디지 않게 지켜 주신다."시 121:3

복음의 구원 메시지 전체는 "도"행 19:9, 22:4, 24:14 또는 "하나님의 도"로 불린다.행 18:25-26 따라서 복음과 믿음은 무시간적 관념이 아니라, 역사 안에서 이루어진 하나님의 행위와 인간의 행위임이 분명해진다. 그것은 엄연한 길이어서 다른 이들이 보지 못하도록 감추어져 있을 수 없다. 이 길 위에서 선행이 이루어지는지, 악행이 이루어지는지가 명백해진다. 이 길 위에서 이따금 악행이 이루어진다면, 그것은 대단히 중대한 문제다. 이를테면 불충분한 현실에서 완전한 이상으로 되돌아갈 수 있으니, 늘 본바탕으로 삼고 행보하지 못해도 바른 길을 알고 바른 믿음을 소유한 것으로 만족하고 마는 것이다. "주님께서 가르치신 길을 따라 사는 사람은 **불의**를 행하지 **않는다**." 그 길을 알고, 바른길 위에 있다고 해서 책임과 책무가 가벼워지는 것이 아니다. 오히려 더 막중해진다. 하나님의 자녀는 어떤 특권 아래 있는 것이 아니므로, 하나님의 은혜와 그분의 길을 알되 악행을 저질러선 안 된다. 그들은 악행을 저지르지 **않는다**니, 하나님의 말씀은 너무 과도하지 않은가? 과연 "나는 불의를 행하지 않는다"고 말할 수 있는 그리스도인이 있겠는가? 이런 물음을 던지는 순간, 우리는 이미 하나님의 말씀으로부터 우리 자신에게로, 하나님의 굳은 약속으로부터 우리의 무능으로 시선을 돌리게 된다. 하지만 그럼으로써 우리는 하나님의 말씀을 신뢰하지 못하게 하는 죄의 마력에 사로잡히게 된다. 그 길이 정녕 우리가 가야 할 **그분의** 길이라면, 우리는 결단코 "불의"를 행해선 안 된다. 그러나 한순간이라도 하나님의 길이 우리 자신의 길이 되었다고 생각한다면, 우리는 이미 넘어져 많은 불의를 행한 것이나 다름없다. 왜냐하면 "죄를 짓는 사람마다 불법을 행하는 사람이고, 죄는 곧 불법이기" 때문이다.요일 3:4 과연 우리 그리스도인은 더는 죄를 짓지 않는가? 그럴 수 없으나, 우리는 죄를 짓고서 그것을 부인하지 않는다.요일 1:8-9 우리는 죄를 고백한 다음 우리의 죄와 우리의 약한 본성에 눈길을 보내지 않고, 오로지 그리스도께 보내며, 우리의 미래를 결정하시고 일러 주시는 하나님의 말씀에 보낸다. "하나님에게서 난 사람은 누구나 죄를 짓지 않습니다. 하나님의 씨가 그 사람 속에 있기 때문입니다. 그는 죄를 지을 수 없습니다. 그가 하나님에게서 났기 때문입니다."요일 3:9

　　하나님의 길은 하나님께서 사람에게 이르는 길이자, 그럴 때만 사람이 하나님에게 이르는 길이기도 하다. 그 길은 예수 그리스도를 의미한다.요 14:6 이 길 위에 있는 사람, 예수 그리스도 안에 있는 사람은 불의를 행하지 않는다.

4절: 주님, 주님께서는 우리에게 주님의 법도를 주시고, 성실하게 지키라고 명령하셨습니다.

글자 그대로의 뜻으로 옮기면 다음과 같다. "당신은 당신의 명령을 주시고, 진지하게 지키라고 지시하셨습니다." 이 시편 전체에서 청원의 대상은 사람이 아니라 하나님이라는 사실이 "당신"$^{Du}$이라는 표현에서 분명해진다. 기도자는 지금 이 표현을 쓰면서 하나님께로 향한다. 법도조차도 중심에 자리하지 못한다. 중심에 자리한 이는 법도를 주신 분$^{Gebieter}$이다. 그것,$^{ein\ Es}$ 관념 따위가 아니라, 당신$^{ein\ Du}$이 법도 안에서 우리를 만나 주신다. 이 구절에서 "법도"$^{Gebote}$로 번역하긴 했지만, 단 하나의 독일어 낱말로 옮길 수 없는 히브리어 단어도 그 증거가 된다. 그 단어는 '구하다, 방문하다, 주의를 기울이다'를 의미하는 동사에서 유래했다. 그러므로 법도는 하나님께서 주의를 기울이시는 것, 중히 여기시는 것이라고 할 수 있다. 그분은 법도를 통해 우리를 찾아오시고 만나 주신다. 법도는 인간 지향성을 담고 있다. 법도는 특정한 목적, 나를 위한 목표를 담고 있다. 법도는 그 자체를 위해서가 아니라, 우리를 위해서 주어졌다. 더 자세히 말하면, 그것은 우리가 "성실하게 지키도록" 하려고 주어졌다. 법도는 하나님으로부터 우리에게로 온 것이므로, 우리는 그것이 우리에게서 없어지거나 빠져나가지 않도록 성실히, 진지하게, 온 힘을 다해서 굳게 붙잡아야 한다. 하나님의 법도는 순간을 위해서만 아니라 지속을 위해서도 존재한다. 그것은 우리 안에 깊이 들어와 모든 생활 상태에서 확인되고자 한다.

> 5절: 아, 내 삶이 당신의 율례들을 아주 진지하게 지키게 하여 주십시오.[5]

글자 그대로의 뜻으로 번역하면 다음과 같다. "아, 내 길이 당신의 율례들을 지키는 쪽으로 향하게 해주십시오!" "아!"라는 탄식은 불만을 나타낼 수도 있지만, 형언하기 어려운 슬픔을 나타낼 수도 있고, 때로는 다른 어떤 식으로도 들려줄 수 없는 생활사를 나타낼 수도 있다. 가난하고 불행한 사람이 고통을 꾹 참아야 할 때면 불안에 떠는 영혼에서 탄식이 터져 나오고, 눈을 위로 들어 위대한 원조자를 찾는 자에게는 오직 탄식이 강력한 기도의 능력을 발휘한다.J. 가이저, 『거룩한 갈망』, 1878 염원의 탄식과 기도의 탄식은 서로 다르다. 전자는 우리가 이해하는 곤경에서 비롯하고, 후자는 우리에게 기도하는 법을 가르쳐 주는 곤경에서 비롯한다. 전자는 요구하는 바가 많거나 필사적인 탄식이고, 후자는 겸허하고 확신에 찬 탄식이다. 올바른 탄식은 우리 자신의 마음으로 발할 수 있는 것이 아니다. 하나님이 성령을 통해 그것을 발하는 법을 우리에게 가르쳐 주셔야 한다. 우리의 깊디깊은 곤경의 형언할 수 없는 면은 하나님 앞에서의 올바른 탄식으로 요약된다. 그것은 하나님 앞에서 우리를 대변하는 성령의 "이루 다 말할 수 없는 탄식"이다.롬 8:26 이 올바른 탄식은 하나님 앞에 숨겨질 수 없다.시 38:9

우리의 염원은 세상의 개선을 지향하고, 우리의 기도는 우리 자신으로부터 시작한다. 우리는 종종 사람들이 달라지기를, 악이 세상에서 종식되고 새로운 의로움이 스며들기를 애타게 갈망한다. 그러나 이 모든 갈망으로는 아무것도 할 수 없다. 모든 방향 전환과 쇄신은 나 자신에게서 시작되어야 한다. "아, 내 삶이 당신의 율례들을 아주 진지하게 지키게 해주십시오!" 이것이야말로 유망한 기도다. "게으른 사람의 욕심

이 스스로를 죽이기까지 하는 것은, 어떠한 일도 제 손으로 하기를 싫어하기 때문이다."<sup>잠 21:25</sup> 그러나 이 시편 기도에는 완전하게 할 수 있는 "손"들이 있다. 이 기도는 가장 절박한 상태에서 나 자신에게서 지체하지 않고 행동으로 이어진다. 물론 이 행동은 오직 기도로부터 나올 수 있고, 그렇지 않으면 없어지고 만다. "아, 내 삶이 (…)." 나 자신의 삶이 잘되지 않고, 내가 경건하게 되지 않는다면, 타인의 경건함을 보고 그저 경탄만 하는 것은 타인의 비열한 짓을 보는 것과 마찬가지로 나에게 도움이 되지 않는다. 내 인생길이 품은 여러 목표는 단 하나의 목표가 되어야 하고, 내가 걷는 여러 진로는 단 하나의 진로가 되어야 한다. 그것은 다름 아닌 하나님의 율례다. 꼬불꼬불한 굽잇길은 "인간의 가르침에 방해를 받지 않고 굽지도 않은"<sup>루터</sup> 곧은길이 되어야 한다. 하나님의 "율례", 이것이야말로 하나님께서 모든 시대를 위해 마련하신 확실한 길이다. 하나님은 이 율례를 통해 하늘과 땅과 사람의 행로를 변경할 수 없이 정해 놓으셨다. 하나님께서 자기 백성과 맺으신 언약은 낮과 밤의 주기처럼 변함이 없다. "나 주가 말한다. 나의 주야의 약정이 흔들릴 수 없고, 하늘과 땅의 법칙들이 무너질 수 없는 것과 마찬가지로, 야곱의 자손과 나의 종 다윗의 자손도, 내가 절대로 버리지 않을 것이며."렘 33:25-26, 31:35-36 창조와 율법은 깰 수 없는 하나님의 두 가지 큰 규칙이다. 이 둘은 동일한 하나님께서 주신 것이므로 끊임없이 서로 긴밀하게 결합된다.시 19편 하나님은 성실하신 분이므로 자신의 율례를 지키신다. 아, 내 삶이 이 확고함과 성실함 속으로 들어가게 해주십시오!

6절: 내가 주님의 모든 계명들을 낱낱이 마음에 새기면, 내가 부끄러움을 당할 일이 없을 것입니다.

부끄러움을 당하는 것은 복의 반대말이다. 내가 신뢰하던 것이 깨지면, 나는 부끄러움을 당할 것이다. 내 삶에 의미와 정당성을 부여하는 것, 내가 증거로 끌어낼 만한 것이 더는 나에게 없기 때문이다. 내 삶은 조롱거리가 되고, 나 자신은 부끄러움을 당할 것이다. 내가 나의 힘을 믿었다면 쇠약해질 것이고, 내가 나의 재산을 의지했다면 그 재산이 밤이 지나기 전에 사라질 것이며, 내가 나의 외모와 권력을 의지했다면 심히 망하게 될 것이며, 내가 나의 성실성에 기뻐했다면 죄가 나를 엄습할 것이다. "스러질 몸을 제힘으로 여기는 자"[렘 17:5,6]는 부끄러움을 당할 것이다. 세상과 함께 명예를 구하려는 자도 부끄러움을 당할 것이다. 그러나 세상에서 사람과 명예와 재화를 바라지 않고, 오직 하나님의 계명을 마음에 새기는 자는 부끄러움을 당하지 않을 것이다. 하나님의 계명은, 하나님이 그것을 굳게 붙드시고, 그것을 바라보는 사람 또한 굳게 붙드시므로 결단코 깨지지 않기 때문이다. 나는 하나님의 계명에 마음 쓰기를 조금도 부끄러워해선 안 된다. 내 삶은 더는 대변자 없는 삶이 되지 않을 것이다. 세상이 나를 나쁘게 판단하더라도, 하나님은 나를 좋게 판단하실 것이다. 다른 사람이 나를 결정하게 하지 않고, 내 생각과 경험이 나를 결정하게 하지도 않을 때, 내가 나의 경건한 생각과 경험을 거슬러, 하나님이 나에게 무엇을 지시하셨는지 끊임없이 새롭게 묻는다면, 이것이야말로 하나님의 계명을 마음에 새기는 것이다. 나의 가장 경건한 결단과 나의 길은 나를 망하게 할 수 있지만, 하나님의 계명은 결단코 나를 망하게 하지 않는다. 내가 부끄러움과 수치를 당하지 않도록 해주는 것은 나의 경건성이 아니라 오직 하나님이시다. "주님의 **모든 계명들**." 우리의 삶은 너무나 복잡하고, 유혹과 위험도 다양하며 매 순간 새롭기에, 하나님은 어떤 계명도 헛되이 주시지 않는다. 오직 하나님의 계명의 완전한 풍부함이 나를 평생토록 안전하게 인도할 수 있다. 그러므로 나는 하나님의 말씀이 나의 모든 생활 상태에 꼭 필요한 지시를 내려 줄 것이라고 확신해도 좋다.

그러나 바른 계명을 듣고, 하나님의 모든 계명 속에 자리한 하나님의 무궁한 선하심을 알려면, 진지한 주의력, 지지치 않는 물음과 배움의 자세가 필요하다. 세상이 나에게 날카롭게 엇서며 나를 비난하면 비난할수록, 나의 길이 어려움과 곤경에 처하면 처할수록, 나의 눈은 오직 하나님의 모든 계명을 향하고 있어야 한다. 그래야 내가 부끄러움을 당하지 않고, "주님의 법대로 사는 사람은, 복이 있다"라고 말할 수밖에 없는 이들 축에 들 수 있다.

7절: 내가 주님의 의로운 판단을 배울 때에, 정직한 마음으로 주님께 감사하겠습니다.

하나님의 말씀의 선물을 인식하고 난 뒤에야 비로소 감사가 시작된다. 이보다 더 큰 감사는 그 선물 가운데서 하나님의 말씀을 배울 때 시작된다. 하나님의 말씀을 중시하지 않는 사람이 어찌 하나님께 감사하겠는가? 선물을 받으면서도 그것을 주신 분에게 마땅히 복종하려고 하지 않는 게 무슨 감사겠는가? 그런 것은 신앙심 없는 감사, 대체로 관례나 다름없는 감사일 것이다. 그것은 주 하나님에 대한 감사가 아니라, 비인격적인 우호적 운명에 대한 감사이거나, 나에게 의무를 부과하지 않는 행운에 대한 감사에 지나지 않는다. 하나님에 대한 감사가 복종하는 마음에서 비롯되지 않으면, 그것은 위선이자 오만일 뿐이다. 마음은 하나님의 명백한 말씀에 정복되어 복종하려고 할 때만 지상의 선물과 천상의 선물을 주신 하나님께 감사할 수 있다. 그러나 이교도는 창조의 선물을 받고도, "하나님을 알면서도, 하나님을 하나님으로 영화롭게 해드리거나 감사를 드리지 않는다."롬 1:21 세인들의 감사는 끝끝내 자기 자신만 생각한다. 그들은 감사를 통해 더 많은 행운의 확인과 재가만을 구한다.니체 감사의 표현은 만족의 뜻, 받은 선물을 적법한 소유로 여긴다는 뜻을 전달한다. 하지만 경건한 사람들 가운데도 금지된 감사를 드리는 자가 있다. 한 바리새파 사람도 하나님께 감사를 드리면서 죄를 지었다.녹 18:9 이하 그는 감사를 드리면서 자기 자신만 바라보느라 선물을 겸손히 받지 않았으며, 그 선물을 이웃을 반대하는 데 오용했다. 그는 "정직한 마음으로" 감사하지 않았다. 그랬다면 그는 자기 자신을 잊었을 것이다. 그 자신을 하나님께 보여드릴 만한 뭔가를 소유한 자로 말하지 않고, 우리의 시편 기도자처럼 "의로운 판단을 배울 때" 비로소 파악되는 자로 말했을 것이다. 하나님이 주신 것과 내가 줄 수 없는 것, 하나님의 부요하심과 하나님 앞에서 나의 빈곤함, 양자는 "정직한 마음으로" 드리는 감사 속에서 필연적으로 결합한다. 그래서 여기서도 율법은 선물의 형태가 아니라, 하나님의 의로우신 판단으로 감사하는 사람을 마주한다. 나는 하나님의 판단을 알고 배우고 싶어서 그분께 감사하지만, 하나님의 의로우신 판단 앞에 아직 모든 것이 부족하여 여전히 배움이 필요한 자로서 감사한다. 이처럼 감사는 나를, 선물하시는 하나님께로 되돌리고, 그런 다음 판단하시는 하나님 앞으로 다시 인도하여, 마침내 그분 안에서 그분의 의로우심을, 나에게 다시 선물로 주어진 의로움을 발

견하게 한다.시 50편

8절: 주님의 율례들을 지킬 것이니, 나를 아주 버리지 말아 주십
시오.

우선 우리는 "내가 …할 것이니"라고 말하는 법을 아예 잊는
것이 좋다. 그래야 성령이 그것을 새로이 올바르게 말하는 법
을 가르쳐 주신다. "내가 …할 것이니"라는 표현은 경건의 문
제에서 가장 큰 불행을 초래할 수 있다. "내가 경건한 사람이
될 것이니, 내가 거룩한 사람이 될 것이니, 내가 계명을 지킬
것이니…." 우리는 이런 일들 속에서도 내 의지가 아니라 오로
지 하나님의 의지가 중요하다는 것을 처음부터 철저히 이해
하지 않으면 안 된다. 우리는 우리의 경건한 자아조차 포기하
여, 하나님이 우리에게서 그분의 일을 하실 수 있도록 해야 한
다. 그렇지 않으면 우리의 "내가 …할 것이니"에는 틀림없이
파탄이 따를 것이다. 그러나 우리가 하나님의 은혜를 통해 "내
가 …할 것이니"라고 말하기를 그친다면, 우리가 예수 그리스
도 안에서—우리의 모든 "내가 …할 것이니"와 "내가 …하지

않을 것이니"를 무릅쓰고—우리와 함께하시는 하나님의 새로운 시작을 통해 그분의 길로 인도받는다면, 성령이 직접 우리 안에서 말씀하기 시작하시고 우리는 완전히 새롭게 말하게 될 것이다. 즉, 우리는 이전의 "내가 …할 것이니"와는 전혀 다르게 말할 것이다. "성령이 말씀과 성사를 통해 우리 안에서 거듭남과 갱신의 일을 시작하시자마자, 우리가 비록 매우 약하기는 하지만 성령의 능력을 통해 협력할 수 있게 된다는 것은 틀림없는 사실이다."일치신조 S.D. II, 65 그러므로 우리는 복의 선언을 받은 사람들로서, 하나님의 도우심을 입은 사람들로서, 하나님께 찬미와 감사를 바치는 사람들로서 "내가 …할 것이니"라고 말해도 된다. 이를테면 "내가 당신의 규례를 지킬 것이니, 내가 그리하는 것은 강요를 받아서가 아니라, 당신이 나를 자유롭게 해주셨기 때문입니다. 내가 꺼리는 일을 하려고 마음먹을 수 있는 것은 당신이 당신의 규례로 내 의지를 구속하셨기 때문입니다"라고 말하는 것이다. "예수 그리스도의 것으로만 여겨지던 일, 곧 당신이 하신 말씀이 내 뜻입니다"라고 말하는 일이 내게서도 실행되게 하는 분은 하나님, 곧 성령 자신이시다. 그러나 나는 성령도 아니고, 주 예수 그리스도도 아니므로, 나의 "내가 …할 것이니"에다가 곧바로 "나를 아주 버리지 말아 주십시오"라는 표현을 덧붙이지 않으면 안 된다.루터, 1521 그래야 나의 약한 의지가 곧 그칠 것이다. 이때 하나님께서 그분의 성령을 우리에게 내리신다는 생각이 들면, "나를 **한순간도** 버리지 **말아 주십시오**"라고 기도해야 할 것이다. 성령이 없으면, 우리의 선한 의지는 한순간도 존립할 수 없기 때문이다. "나를 아주, 결단코 버리지 말아 주십시오"라고 했으니, 버림받음을 생각할 수밖에 없다. 하나님은 자기 사람들의 믿음을 시험하시려고 버림을 행하신다. 이는 히스기야를 두고 다음과 같이 말한 것과 같다. "하나님은 그를 시험하시어 그 마음속에 무엇이 있는지 아시려고 그를 버리셨다." 대하 32:31 7 따라서 우리는 온갖 불운과 불행, 곤경을 생각할 수밖에 없다. 하나님은 그런 것들 속에 우리를 잠시 버려두신다. 이에 대하여 우리는 하나님을 비난해선 안 된다. 다만 온갖 불행에서 우리를 지켜 달라고, 우리에게로 다시 돌이키셔서 시험을 끝내시고 우리를 아주 버리지 말아 달라고 기도해야 한다. 왜냐하면 우리는 연약해서 속히 실패하기 때문이다. 그러므로 우리는 하나님의 율례를 지키는 수밖에 없다. 우리는 오직 하나님의 현존의 은혜와 도우심으로 변하지 않을 수 있다. 우리는 하나님의 율례 안에서 자기를 입증해 보이는 튼튼한 마음을 달라고 기도한다. 우리가 아는 대로, 마음은 오직 은혜로만 튼튼해진다.[히 13:9]

이처럼 하나의 순환이 완결된다. 처음에 하나님의 은혜가 있었다. 우리를 위해 시작하여, 우리가 우리 자신의 시작들로부터 놓여나게 한 것도 하나님의 은혜이고, 우리를 길 위에 세운 것도 하나님의 은혜이니, 우리가 걸음을 뗄 때마다 구할 것은 하나님의 은혜뿐이다.

이 8절과 이어지는 모든 구절에서 다음과 같은 표현이 반복되는 것에 유의하라. **주님의** 율법, **주님의** 계명, **주님의** 증거 등등. 이 시편이 예찬하는 것은 인간이 아니라 하나님과 그분의 계시다.

## II.    깨끗한

9절: 젊은이가 어떻게 해야 그 인생을 깨끗하게 살 수 있겠습니까? 주님의 말씀을 지키는 길, 그 길뿐입니다.

한 청년이 이 시편과 이 구절을 기도로 바쳤다.[99-100절] 이것은
한 노인이 경박한 젊은이를 바라보고 던진 물음이 아니다. 이
물음은 유혹을 경험할 때, 하나님의 말씀을 마주할 때 생겨난
다. 여기서 청년은 자신의 사활이 걸린 물음에 직면한다. 이는
대체로 선하고 고귀한 것에 고무되는 경우나 공상적 이상주
의에서 나오는 물음이 아니라, 그가 하나님의 말씀의 능력과
자기 삶의 무능을 경험할 때 발생하는 물음이다. 때 묻지 않은
깨끗한 길을 구하는 이 물음은 우리에게 젊은이답지 않은, 부
자유스러운, 삶을 부정하는 물음처럼 여겨진다. 이렇게 여겨
지는 것은, 우리가 청년은 경박하다는 관념에 이미 익숙해졌
고, 순수한 사람 안에 자리한 힘과 왕성한 활력을 더는 이해하
지 못하기 때문이다. 삶의 죄과 속으로 대뜸 휩쓸려 들어가야
먼저 인생을 알고 마침내 하나님까지 알 수 있다는 것은 주제
넘고 잘못된 생각이다. 삶 자체로는 인생과 그 죄과를 조금도
알 수 없으며, 오직 인간에 대한 하나님의 심판과 예수 그리스
도의 십자가에서 드러난 그분의 은혜에 의해서만 알 수 있다.
죄를 교육에 이로운 계기로 여겨 교육에 포함하려는 것은 결
과가 매우 좋지 않은, 분별없는 사상의 유희일 뿐이다. "젊을

때에 너는 너의 창조주를 기억하여라. 고생스러운 날들이 오고, 사는 것이 즐겁지 않다고 할 나이가 되기 전에."전 12:1 "병들기 전에 겸손하여라. 그리고 죄를 짓게 되거든 곧 회개하여라."집회서 18:21 "젊음의 정욕을 피하여라."딤후 2:22 더러움이 위협하는 곳에서 깨끗해지는 것, 시민적 만족이 아니라 하나님의 사랑으로 나무랄 데 없이 되는 것, 이는 삶의 회피가 아니라 삶의 완성이며, 하나님의 창조 세계를 경멸하는 것이 아니라 창조주께 복종함으로써 창조 세계를 거룩케 하는 것이다. "젊은이여, 젊을 때에, 젊은 날을 즐겨라. 네 마음과 눈이 원하는 길을 따라라. 다만, 네가 하는 이 모든 일에 하나님의 심판이 있다는 것만은 알아라."전 11:9 성년이 되기 전에 중대한 죄를 저지른 사람은 종종 너무 늦게 그 죄의 지배자가 되려고 한다. 하나님은 사람이 첫 숨을 쉬는 순간부터 그를 다스리는 분이셔서, 한순간도 자기의 지배권을 넘겨주려 하지 않으신다. 하나님은 많든 적든 젊은 시절 우리의 현대적 이상들을 묻지 않으시고, 인생을 그분의 다스림에 맡겼는가 아닌가 하는 것만 따지신다.

청년은 깨끗한 길을 물음으로써 죄가 자기 안에 도사

리고 있다는 것을 깨닫는다. 그렇지 않으면 그런 길을 물을 필요가 없으리라. 그는 자기의 마음과 본성을 지배하는 죄의 힘을 아는 까닭에 더는 인간적인 치료법을 기대하지 않는다. 선한 의도, 선동적인 이상, 일, 의무 이행이 아니라, 오직 하나님의 말씀에 의해 길은 깨끗하게 유지될 수 있다. 죄와 겨룰 수 있는 이는 오직 하나님 자신이기 때문이다. 그분은 죄와 겨루심으로써 예수 그리스도 안에서 우리의 모든 죄를 용서해 주셨다.요 15:3 그분은 죄와 겨루심으로써 우리가 은혜의 말씀과 심판의 말씀을 알 수 있도록 하시고, 또 날마다 우리를 새롭게 심판하시고 용서해 주신다. 유혹과 시험의 때에 나는 무엇을 의지해야 하는가? 오직 하나님의 말씀을 의지해야 한다. 그래야 나의 길이 깨끗해진다.

10절: 내가 온 마음을 다하여 주님을 찾습니다. 주님의 계명에서 벗어나지 않게 하여 주십시오.

하나님의 말씀을 맞아들인 사람은 하나님을 찾기 시작한다. 그것 말고 달리 할 수 있는 게 없다. 하나님의 말씀이 우리 안에 맑고 깊게 자리하면 자리할수록, 그만큼 하나님의 완전한 맑음과 끝없는 깊이에 대한 갈망이 우리 안에서 더욱 활발히 일어난다. 하나님은 말씀의 선물을 통해 우리를 재촉하여, 더 풍부한 인식과 더 멋진 선물을 찾아 나서도록 하신다. 그분은 거짓 만족을 달가워하지 않으신다. 많이 받으면 받을수록 그분을 더 많이 찾게 되고, 그분을 많이 찾으면 찾을수록 그분으로부터 더 많이 받게 된다. "가진 사람은 받게 될 것이다."[8] 하나님은 우리에게서 영광을 받으시고, 자신이 더없이 부요하다는 것을 알리고 싶어 하신다. 물론 우리는 하나님을 그분의 말씀 속에서만 찾을 수 있다. 이 말씀은 생동하는 말씀, 무궁한 말씀이다. 하나님 자신이 그 속에 살아 계시기 때문이다. 하나님의 말씀이 우리에게 임하면, 우리는 "내가 **온 마음을 다하여** 주님을 찾습니다"라고 말해야 한다. 반쪽 마음으로는 우상만 찾을 뿐, 하나님 자신을 찾지 못하기 때문이다. 하나님은 온 마음을 요구하신다. 그분은 우리에게 어떤 것도 원하지 않으시며, 있는 그대로 우리 자신을 원하신다. 이는 그분이 우리에게 하신 말씀이다. 우리가 온 마음을 다하여 그분을 찾는 것은 그 때문이다. 우리에게 있는 것은 그저 이미 시작한 길에서, 이미 들은 계명에서 벗어나면 어쩌나 하는 우려뿐이다. "벗어나면"이라고 말하기는 해도, 그는 이미 알고 있는 하나님의 계명을 더는 의도적으로 위반할 마음을 먹지 않는다. 하지만 악이 우리의 눈을 안개로 덮을 때, 우리는 얼마나 쉽게 길을 잃는가. 우리는 곁길로 빠져 어찌할 바를 모른 채, 하나님의 계명으로 돌아가는 길을 더는 찾지 않는다. 우리는 벗어남의 죄, 알지 못하고 짓는 죄로부터 우리를 지켜 달라고 날마다 하나님께 청해야 한다.[민 15:22 이하] 왜냐하면 우리는 처음에는 자기도 모르게 악한 길에 빠지지만, 그다음에는 그 길에 종종 빨리 흥미를 붙이기 때문이고, 실수가 악한 의도로 바뀌기도 하기 때문이다. 그러나 온 마음을 다하여 하나님을 찾는 사람은 길을 잘못 들지 않는다.

> 11절: 내가 주님께 범죄하지 않으려고, 주님의 말씀을 내 마음 속에 깊이 간직합니다.

하나님의 말씀이 우리에게 임할 때 그것은 비옥한 땅에 심기려고 한다. 하나님의 말씀은 길바닥에 머물러 있으려 하지 않는다. "악마가 와서 그들의 마음에서 말씀을 빼앗아, 그들이 믿지 못하고 구원을 받지 못하도록 하기" 때문이다. 하나님의 말씀은 돌밭에 떨어지려 하지 않는다. 거기서는 뿌리를 박을 수 없기 때문이다. 돌밭과 다름없는 사람들은 "들을 때는 그 말씀을 기쁘게 받아들이지만, 잠시 믿다가 시련의 때가 오면 떨어져 나가는 자들이다." 하나님의 말씀은 가시덤불 사이에 떨어지려 하지 않는다. "인생의 근심과 재물과 쾌락에 숨이 막혀" 열매를 맺지 못하기 때문이다.<sup>눅 8:11 이하</sup> 전능하신 하나님의 영원한 말씀이 내 안에서 거처를 찾고, 경작지에 심긴 씨알처럼 내 안에 갈무리되고 싶어 하다니, 이는 대단히 경이로운 일이 아닐 수 없다. 하나님의 말씀을 갈무리할 곳은 내 오성이 아니라 내 마음속이다. 오래도록 분석하거나 의식적으로 생각하지 않아도 사랑하는 사람의 말이 내 마음속에 거하듯이, 마음속에 자리 잡고서 움직이는 것 바로 그것이 하나님의 입에서 나오는 말씀이 목표하는 바다. 하나님의 말씀을 내 오성 안에만 담아 둔다면 내 오성은 종종 다른 일들에 몰두할 테고, 그러면 나는 하나님과 어긋나고 말 것이다. 그러므로 하나님의 말씀을 읽은 것으로 다 끝난 게 아니다. 지성소가 성소 안에 자리하듯이, 하나님의 말씀이 우리 안에 깊이 들어와 거주하면서 우리의 생각과 말과 행실이 길을 잃지 않도록 해야 한다. 하나님의 말씀을 많이 알기만 하고 자기 안에 "간직하지" 않는 것보다는, 조금이라도 꾸준히 읽으면서 말씀이 우리 안으로 파고들기를 기다리는 것이 더 낫다.

12절: 찬송을 받으실 주님, 주님의 율례를 나에게 가르쳐 주십시오.

우리가 인간의 거룩함과 경건을 찬송하겠는가? 우리가 우리 자신과 우리의 나무랄 데 없는 면모에 몰두하겠는가? 이 시편 안에서 눈에 띄게 반복해서 등장하는 "나"ich는 자기 비춰보기인가, 자아비판인가, 아니면 독선인가? 찬송을 받으실 주님! 여기서는 다른 어떤 찬미도 행해지지 않는다. 주님만이 찬송을 받으신다. 그분은 우리와 함께 새로 시작하시고, 우리에게 자기의 말씀을 계시하시며, 우리의 추구와 섬김을 받으시며, 자기의 말씀이 우리 안에 거주하게 하시며, 우리를 죄에서 지켜 주시는 분이다. 신자의 길에는 오직 하나님 찬송만 있을 뿐이다. 이 하나님 찬송에는 신자의 모든 의지력과 확신이 담긴다. 주 하나님, 찬송을 받으소서! 그러나 우리는 구걸하는 자처럼 거듭거듭 "주님의 율례를 나에게 가르쳐 주십시오" 하고 청해야 한다.[시 23:12] 우리는 하나님께 온갖 찬송을 바침으로써 우리가 받은 것을 인정하고, 그분에게 청함으로써 우리의 빈곤을 인정하게 된다. 우리가 사는 동안, 그분의 조명하심과 앎을 구하는 청원, 말씀을 배우는 가운데 성장하게 해달라는 청원은 결단코 그치지 않을 것이며, 자기의 은혜로 우리에게 넘치게 베푸시는 분에 대한 찬송 또한 이 세상에서든 저세상에서든 끝나지 않을 것이다.

13절: 주님의 입으로 말씀하신 그 모든 규례들을, 내 입술이 큰 소리로 반복하겠습니다.


하나님의 규례는 그분의 입에서 나와 우리의 입술로 발설되고 싶어 한다. 하나님의 말씀을 마음속에 간직하기는 쉽지만, 그 말씀을 자주 발설하기란 얼마나 어려운 일이던가! 이 구절에서 염두에 두는 것은 입에 발린 말이 아니라, 마음에 가득

찬 것을 공공연하게 하는 것이다. 엄청난 고난에 직면하여 우리의 입은 종종 자물쇠를 채운 듯 되곤 하는데, 이는 하나님의 말씀을 경건한 상투어로 대신할까 봐 염려하기 때문이 아닐까? 우리가 참된 말씀을 더는 찾지 않고 침묵하는 것은 경솔하고 경박한 분위기 때문이 아닐까? 그릇된 두려움과 인간에 대한 공포가 우리의 입을 닫게 하는 것이 아닐까? 우리는 경고와 훈계도 입 밖에 내지 않고, 위로와 격려도 입 밖에 내지 않는다. 예수 그리스도라는 이름을 여기저기 발설하는 데도 얼마나 고뇌와 두려움이 따르던가! 하나님의 "모든 규례들"을 자기 입술로 이야기하면서 영적으로 틀에 박힌 사람, 도덕 사도,<sup>Sittenapostel</sup> 볼썽사나운 잔소리꾼이 되지 않으려면 상당한 정도의 영적 경험과 훈련이 필요하며, 동시에 천진난만한 신앙의 확신이 필요하다. 마음이 온통 하나님의 말씀의 차지가 되어야 한다. 그래야 우리는 우리의 입술로 예수 그리스도를 섬기는 법을 배울 수 있다.

14절: 주님의 교훈을 따르는 이 기쁨은, 큰 재산을 가지는 것보다 더 큽니다.

"이 기쁨은." 이는 하나님의 길을 걷지 않고서는 할 수 없는 대단한 말이다. 성경은 밭에서 보물을 발견한 사람을 두고 다음과 같이 말한다. "(그는) 기뻐하며 집에 돌아가서는, 가진 것을 다 팔아서 그 밭을 산다."<sup>마 13:44</sup> 하나님의 보물에 비하면 그의 재산은 하찮은 것에 불과하다. 실로 그는 하나님의 보물 속에서 자기가 원하기만 했었던 모든 부를 발견한다. 하나님의 길을 발견한 사람은, 하나님의 모든 부요하심과 그 속에서 온갖 부를 얻기 위하여 먼저 자기의 모든 재산을 잃지 않으면 안 된다. 하나님의 말씀은 그것을 맞아들이는 사람 안에서 기쁨을 불러일으킨다. 그 기쁨은 하나님과의 사귐을 다시 선사받고서 맛보는 기쁨이다. 그것은 두려움과 죄로부터 구원받고서 맛보는 기쁨이다. 그것은 길을 잃었다가 기나긴 밤이 지나고 바른길을 찾은 사람의 기쁨이다. 하나님은 사람에게 축제의 기쁨을 안겨 주신다. 그분은 모든 기쁨의 원천이시다. 실로 그분은 기쁨을 아는 분이시다. "신랑이 신부를 반기듯이, 네 하나님께서 너를 반기실 것이다."<sup>사 62:5</sup> "주 너의 하나님이 (…) 너를 보고서 기뻐하고 반기시고, 너를 사랑으로 새롭게 해주시고 너를 보고서 노래하며 기뻐하실 것이다."<sup>습 3:17</sup>

우리는 하나님께서 자기 백성의 구원과 믿음을 바라보며 누리시는 이 기쁨에 즐거이 참여하도록 초대받았다. 하나님의 말씀 자체는 기쁨으로 가득하다. 이 기쁨은 우리에게서 시작되어야 한다. 하나님의 말씀이 예수 그리스도 안에서 육신이 되었음을 토대로 하여 큰 기쁨이 선포된다.눅 2:10 주님이 지상에서 보내신 나날은 막 시작된, 비할 데 없는 혼인잔치와 같다.막 2:19, 눅 19:6 하늘에서는 회개할 준비가 된 죄인들이 예수 그리스도를 통해 회개하고 구원받는 모습을 보고 기쁨을 터뜨린다.눅 15:7, 10 주님의 부활과 승천은 제자들을 기쁨으로 가득 채운다.마 28:8, 눅 24:41, 24:52, 요 20:20 갓 출범한 공동체는 예수의 만찬을 기뻐하며 받는다.행 2:46-47 하나님의 말씀이 있는 곳에 기쁨이 있다. 예수는 아버지께로 가려고 제자들을 떠나시면서 그분의 말씀과 그 속에 담긴 기쁨을 그들에게 맡기신다. "내가 너희에게 이러한 말을 한 것은, 내 기쁨이 너희 안에 있게 하고, 또 너희의 기쁨이 넘치게 하려는 것이다."9 이 완전한 기쁨이야말로 하나님의 말씀이 듣는 이에게 베푸는 선물이다. 하나님은 기쁨을 원하신다. 물론 그 기쁨은 "떨리는 마음"시 2:11을 동반한 기쁨이다. 그것은 거룩하신 하나님 앞에서 느끼는 기뽐이기 때문이다.

하나님의 말씀은 모든 기쁨의 근원이며, 그 증거의 길은 그런 기쁨으로 가득 차 있다. 그 길은 하나님께서 친히 걸으시는 길이요, 우리와 함께 걸으시는 길이기 때문이다. 하나님께서 우리와 함께하시는 곳에 기쁨이 있고, 누구도 이 기쁨을 우리에게서 빼앗을 수 없다.[요 16:22] 억압과 박해의 때에 이 기쁨은 우리 앞에 가시는 분의 약속을 붙잡는다. "너희는 기뻐하고 즐거워하여라. 하늘에서 받을 너희의 상이 크기 때문이다."[10] 바로 이것이 예수를 뒤따르는 이들의 부요함이다.

그러나 하나님의 길을 걸으려 하지 않는 자는 슬피 울게 될 것이다.[마 19:22, 17:23] "우리가 복음을 너무 적게 맞아들여서 우리에게 기쁨도 없고 십자가도 없게 되는 건 아닌지 걱정된다. 우리는 여전히 옛 존재 양식 안에 머무르면서 복음의 값진 보화를 업신여기고 있다."[루터]


15절: 나는 주님의 법을 묵상하며, 주님의 길을 따라가겠습니다.


멈춤은 있을 수 없다. 내가 받는 모든 선물, 모든 인식이 나를 하나님의 말씀 안으로 더 깊이 밀어 넣는다. 하나님의 말씀, 곧 하나님의 법을 제대로 이해하는 데는 시간이 필요하다. 때로는 오랫동안 말씀을 숙고해야 한다. 숙고와 상고詳考의 가치를 부인하는 활동이나 감각적 유희보다 더 잘못된 건 없을 것이다. 이는 특히 숙고와 상고로 부름받은 이들의 문제일 뿐만 아니라, 하나님의 길을 걸으려는 모든 이의 문제이기도 하다. 하나님은 때때로 신속하고 즉각적인 행동을 요구하시지만, 잠잠함과 숙고도 요구하신다. 따라서 나는 동일한 말씀을 놓고 몇 시간 혹은 며칠을 숙고하지 않으면 안 된다. 그래야 참된 인식의 조명을 받을 수 있다. 더는 그럴 필요가 없을 만큼 진보한 사람이란 존재하지 않을 것이다. 철저하게 행동으로 부름받아 자신이 숙고를 면제받았다고 생각해도 되는 사람 역시 없을 것이다. 하나님의 말씀은 나의 시간을 요구한다. 하나님은 친히 시간 속으로 들어오신 까닭에, 지금도 내가 그분에게 나의 시간을 바치기를 바라신다. 그리스도인 됨은 한순간의 문제가 아니다. 그리스도인 됨은 시간을 원한다. 하나님께서 우리에게 성경을 주셨으니, 우리는 성경에서 그분의 뜻을 알아내야 한다. 성경은 날마다 새롭게 읽히며 숙고의 대상이 되기를 원한다. 성경은 내가 지금 당장 소유할 수 있는 영원하고 보편적인 명제들의 총합이 아니다. 성경은 무한한 해석의 풍요함 속에서 날마다 내게 새로운 하나님의 말씀이다. 묵상, 곧 기도하면서 성경을 숙고하고 해석하는 것은, 자기 생각이 아닌 하나님의 지시를 정직하게 구하는 사람에게 꼭 필요한 일이다. 이 두 가지를 실행하지 않는 신학자는 제 직무를 부정하는 것이다. 그러나 이 두 가지를 실행하는 데 필요한 시간을 구하는 그리스도인은 누구나 시간을 선물로 받게 될 것이다. 묵상은 기도하면서 하나님의 말씀을 내 마음에 새기는 것을 의미하고, 해석은 성경 안에 있는 하나님의 말씀을 하나님의 말씀으로 인정하고 이해하는 것을 의미한다. 하나는 다른 하나가 없으면 존립하지 못한다. 둘 다 숙고이므로 날마다 실행되어야 한다.

　　내가 하나님의 법을 알기 위해서는 나와 나의 처지를 바라볼 게 아니라, 오직 하나님의 길을 바라보아야 한다. 하나님께서 자기 백성에게 하신 것처럼 나를 위해 하신 일, 하나님의 행사로서 예수 그리스도의 성육신과 십자가와 부활이 나에게 의미하는 것, 이것만이 나의 길을 결정해야 한다. "여러

분은 하나님께서 값을 치르고 사들인 사람입니다. 그러므로 여러분의 몸으로 하나님을 영화롭게 하십시오."고전 6:20 "여러 분은 하나님께서 값을 치르고 사신 사람입니다. 그러므로 사람의 노예가 되지 마십시오."고전 7:23

16절: 주님의 율례를 기뻐하며, 주님의 말씀을 잊지 않겠습니다.

내 생각이 너무 빨리 하나님의 말씀에서 벗어나고, 필요한 시간에 필요한 말씀이 떠오르지 않는 이유는 무엇인가? 내가 먹고 마시고 잠자는 법을 잊겠는가? 그런데 어째서 하나님의 말씀은 잊어버리는가? 내가 아직 이 시편처럼 "주님의 율례를 기뻐하며"라고 말할 수 없는 상태이기 때문이다. 내게 기쁨을 주는 것이 있다면, 나는 그것을 잊지 않는다. 잊거나 잊지 않는 것은 오성의 문제가 아니라 전인全人의 문제, 곧 마음의 문제다. 내가 하나님의 창조 질서와 말씀의 질서를 진정 사랑하기 시작하면, 그것은 매시간 나에게 생생히 살아 있게 될 것이다. 망각을 막는 것은 사랑뿐이다.

하나님께서 역사 안에서 말씀하시므로, 곧 과거에 우리

에게 말씀하셨으므로, 우리는 배운 것을 날마다 기억하고 반복하지 않으면 안 된다. 앞으로 나아가려면, 날마다 새로이 하나님의 구원 행위로 돌아가야 한다. 그래서 성경은 망각을 조심하라고 거듭거듭 가장 진지하게 주의시킨다! "주님이 베푸신 모든 은혜를 잊지 말아라."시 103:2 "당신들은 이집트 땅 종살이하던 집에서 당신들을 이끌어 내신 주님을 잊지 않도록 주의하십시오."신 6:12, 6장 전체를 읽어 보라! "예수 그리스도를 기억하십시오."딤후 2:8 믿음과 복종은 기억과 반복으로 산다. 기억은 현재의 힘이 된다. 전에 나를 위해 일하시고 오늘 나에게 그것을 확신시키시는 하나님은 살아 계신 하나님이기 때문이다. 과거 자체는 중요하지 않다. 그러나 과거 속에서 "나를 위해" 결정적인 일이 일어났으므로, 믿음 안에서 "나를 위해" 과거를 붙잡으시는 분에게는 과거가 곧 현재가 된다. "왜냐하면 '나를 위해'라는 표현은 순전히 믿는 마음을 요구하기 때문이다."루터

나의 구원은 나 자신 안에 있지 않고 나 자신 밖에 있다. 예수 그리스도의 의로우심만이 나의 의로움이고, 이는 오직 말씀 안에서 나에게 선포될 수 있기에, 복을 위해서는 기억과 반복이 필요하다. 따라서 망각은 믿음에서 벗어나는 것과

같은 뜻이다.

그러나 내가 예수 그리스도를 날마다 기억한다면, 하나님께서 영원 전부터 나를 사랑하셨으며 나를 잊지 않으신다는 확언을 받게 된다.<sup>사 49:14-15</sup> 하나님께서 나를 사랑하여 잊지 않으신다는 것을 알고 기뻐하며, 하나님의 말씀 안에 담긴 그분의 성실하심에 대한 사랑이 내 마음을 가득 채우게 된다. 그러면 나는 "주님의 말씀을 잊지 않겠습니다"라고 말씀드릴 줄 알게 된다.

## III. 열린 눈

17절: 주님의 종을 너그럽게 대해 주십시오. 그래야 내가 활력이 넘치게 살며, 주님의 말씀을 지킬 수 있습니다.

나는 종이 자기 주인에게 청하듯이 나의 삶을 구해야 한다. 삶은 하나님의 은택이기 때문이다. 삶은 목적을 위한 수단이 아니다. 삶은 그 자체로 성취다. 하나님께서 우리를 지으신 것은 우리가 살게 하시려는 것이고, 우리의 죄를 속하여 우리를 구원하신 것도 우리가 살게 하시려는 것이다. 그분은 이념이 죽음의 폐허를 제압하는 것을 보고 싶어 하지 않으신다. 이념이 삶을 위해 있는 것이지, 삶이 이념을 위해 있는 것이 아니다. 삶 자체가 이념이 되면, 창조되고 구원받은 실제적 삶이 파괴되고 만다. 그 파괴는 다른 어떤 이념에 의한 파괴보다 정도가 훨씬 심하다. 삶은 우리와 함께하시는 하나님의 목표다. 삶이 목적을 위한 수단이 되어 버리면, 모순이 삶 속으로 들어와 삶을 괴롭히게 된다. 그러면 목표, 곧 선은 삶의 저편에서 구해야 하는 대상이 되고, 삶을 부정함으로써만 얻을 수 있는 것이 되고 만다. 이것이 우리가 하나님 안에서 삶을 얻기 전에 처해 있던 상태다. 우리는 그 상태가 좋다고 말하라고 배웠다. 우리는 삶을 증오하고 경멸하는 자, 이념을 좋아하고 숭배하는 자가 되고 말았다.

나는 하나님께 삶의 은택을 구한다. 그분이 주시는 삶만이 은택이다. 다른 모든 삶은 고통이다. 하나님으로부터 오는 삶만이 목표이자 성취이며, 존재와 당위 사이에 자리한 모순의 극복이다. 삶은 은혜의 시간이고, 죽음은 심판이다. 나에게 시간이 주어진 것은 하나님의 은혜를 받기 위한 것이므로, 삶은 하나님의 은택이다. 그런 시간은 하나님의 말씀이 내게 자리하는 동안에만 존재한다. 이 말씀을 굳게 붙잡는 것이야말로 하나님께서 긍정하시는 삶이다. 하나님의 말씀은 삶의 저편에 있지 않다. 하나님의 말씀은 삶을 목적을 위한 수단으로 격하하지 않는다. 하나님의 말씀은 삶을 보호하여 모순, 곧 이념의 지배에 빠지지 않게 한다. 하나님의 말씀은 삶의 성취이며, 이를 넘어서는 목표는 존재하지 않는다. 그래서 나는 하나님께 삶의 은택을 구한다. 삶은 그분의 것이다. 이는 종의 삶이 주인의 것임과 마찬가지다. 삶은 하나님의 말씀을 소유함으로써 성취된다.

18절: 내 눈을 열어 주십시오. 그래야 내가 주님의 법 안에 있는 놀라운 진리를 볼 것입니다.

하나님께서 나에게 보여주시는 것을 보려면, 내 감각의 눈을 감아야 한다. 하나님은 나에게 자기의 말씀을 보여주시려고 나를 눈멀게 하신다. 그러고는 눈먼 사람의 눈을 열어 주신다. 이제 나는 전에 알지 못했던 것, 곧 하나님의 율법이 완전한 기적이라는 것을 알게 된다. 하나님께서 자기의 모든 말씀이 발견되지 않은 기적, 깊이를 알 수 없는 기적이라는 것을 내게 알려 주지 않으시면, 나는 이 시편을 통과하는 머나먼 길을 함께 걸으며 거듭거듭 새로 시작할 수밖에 없을 것이고, 이 끊임없는 반복에 지치고 말 것이다. 하나님의 말씀의 광대함과 깊이를 충분히 보고 싶어 하는 열린 눈이 없으면, 나는 말씀을 날마다 지키지 못하게 될 것이다. 내 이성의 눈으로 보면, 하나님의 율법은 꼭 필요한 듯하면서도 곧 이미 배우고 이해한 생활 규칙, 더는 생각하거나 말하거나 놀랄 것이 많지 않은 규칙으로 보이게 마련이다. 내가 이 눈으로 보려고 마음먹는 한, 나는 결단코 열린 눈을 갈망하지 못할 것이다. 그러나 내가 눈먼 상태가 될 때, 하나님께서 나를 깊은 밤으로 이끄실 때, 내가 깜깜한 곤경과 죄 가운데 처해 있어 나의 선천적인 눈이 더는 아무것도 알아보지 못하고 이해하지도 못할 때, 나는 볼 수 있는 시력을 달라고 아우성치게 될 것이다. 눈먼 자만이 열린 눈을 달라고 아우성친다. 이토록 하나님의 말씀을 찬미할 줄 아는 이 시편의 기도자는 과연 눈먼 사람인가? 하나님의 율법이라는 기적의 세계를 들여다본 사람이야말로 자기가 여전히 눈먼 사람이라는 것을, 자기가 칠흑 같은 어둠에 빠지지 않으려면 열린 눈이 필요하다는 것을 아는 사람이다. 우리가 아침에 눈을 뜨고 밤에 눈을 감을 때, 하나님께서 마음의 밝은 눈, 열린 눈을 주시길 바라는 것, 대낮이 우리의 선천적인 눈을 기만하고, 밤이 우리에게 꿈을 그럴싸하게 꾸며 보일 때, 하나님께서 열린 눈, 밝은 눈, 곧 하나님 율법의 기적으로 가득 채워진 눈을 주시길 바라는 것, 이것이 우리가 날마다 새롭게 드려야 하는 기도다.

우리는 눈먼 바디매오를 본받아야 한다. 그는 예수께서 여리고를 떠나시며 자기 곁을 지나가신다는 말을 듣고서, 침묵을 강요하는 그 무엇에도 아랑곳하지 않고 그분이 들으실 때까지 외친다. "내가 너에게 무엇을 하여 주기를 바라느냐"는 예수의 물음에, 그는 "선생님, 내가 다시 볼 수 있게 하여 주십시오!"라고 대답한다.[막 10:46 이하] 그러나 벳새다의 눈먼 사람에게서 인식과 보는 것이 점진적이고 단계적으로 이루어졌듯이,[막 8:22 이하] 우리의 눈도 서서히 열려 인식에서 인식으로 나아가게 될 것이다.

그러나 볼 줄 안다면서도 눈먼 상태인 사람은 도움을

얻지 못한다. 그는 눈먼 상태로 망하고 만다.요 9:40-41 하나님의 말씀을 인식하지 못하는 자기의 눈먼 상태를 인정하고 열린 눈을 달라고 기도하는 것이 은혜의 선물이다.

하나님께서 자기의 말씀을 인식하도록 눈을 열어 주신 사람은 기적의 세계를 들여다보게 된다. 이제껏 죽은 것으로 보이던 게 충만한 생명이 되고, 모순투성이의 것이 좀 더 고차적인 통일성 속에서 해소되고, 가혹한 요구는 은혜의 계명이 된다. 인간의 말 한가운데서 하나님의 영원한 말씀을 듣고, 과거의 역사 속에서 현재의 하나님을 알아보고, 나를 구원으로 이끄시는 그분의 활동을 인식하게 된다. 자비로운 위로의 말이 하나님의 새로운 요구가 되며, 견딜 수 없도록 무거운 짐이 가벼운 멍에가 된다. 주 예수 그리스도의 계시가 바로 하나님의 율법 안에 자리한 위대한 기적이다. 주 예수 그리스도를 통해 말씀이 생명을 얻고, 모순투성이가 통일성을 얻으며, 공공연한 것이 한없는 깊이를 얻는다. 주님, 내 눈을 열어 주십시오.

19절: 나는 땅 위를 잠시 동안 떠도는 나그네입니다. 주님의 계명을 나에게서 감추지 마십시오.

하나님의 말씀은 처음 만나는 순간부터 나를 이 땅의 이방인으로 만든다. 하나님의 말씀은 약속의 땅에서 이방인처럼 거류했던<sup>히 11:9</sup> 믿음의 선조들의 기나긴 행렬 속에 나를 들여놓는다. 아브라함은 조국을 떠나 약속의 땅으로 가라는 하나님의 명령을 신뢰하고 따른다. 이 땅에서 "나그네와 떠돌이"로 살던 그는 고령에 이르러 가족 묘지를 매입한다.<sup>창 23:4</sup> 약속의 땅에서 그가 소유한 유일한 토지 재산이다. 야곱은 파라오 앞에서 그의 전 생애가 나그넷길이었으며, 선조인 이삭과 아브라함보다 짧지만 험악한 세월을 보냈다고 고백한다.<sup>창 47:9</sup> 가나안 땅이 이스라엘 자손의 확고한 소유가 되었을 때도, 그들은 자기들이 이방인이었으며 여전히 그러하다는 것을 잊지 말아야 했다. 그들은 이집트에서 이방인이었고,<sup>출 22:21</sup> 지금도 그들의 소유가 아니라 하나님의 소유인<sup>레 25:23</sup> 땅에서 "이방인과 나그네"로 살고 있음을 알아야 했다. 다윗은 그의 생애의 주요하고 화려한 시기에 선조들과 제휴하여 다음과 같이 고백한다. "주님 앞에서 우리는, 우리의 모든 조상처럼, 나그네와 임시 거주민에 불과하며, 우리가 세상에 사는 날이 마치 그림자와 같아서, 의지할 곳이 없습니다."<sup>대상 29:15</sup>

나는 이 땅의 나그네다. 이는 내가 이 땅에 계속 머무를 수 없고, 내 시간이 짧게 할당되었음을 인정하는 말이다. 나는 이 땅의 재산이나 주택에 대해서 어떤 권리도 갖지 못한다. 나는 내게 다가오는 온갖 좋은 것을 감사히 받되, 부당한 일과 폭행을 당하거나 내 편을 들어 줄 사람이 없는 상황도 감수하지 않으면 안 된다. 나는 사람도 물질도 의지하지 않는다. 나는 나그네로서 내 거처의 규정을 따른다. 나를 양육하는 대지는 나의 활동과 나의 힘에 대한 권한을 가지고 있다. 내가 생존하도록 발판이 되어 준 대지를 경멸하는 일이 있어선 안 된다. 나는 대지에 성실과 감사를 바쳐야 마땅하다. 나는 나그네가 되고 이방인이 되어야 하는 나의 운명, 하나님께서 나를 떠돌이 신세로 부르신 사실을 회피한 채 천상만 생각하며 세상살이를 놓쳐선 안 된다. 그것은 결코 돌아갈 수 없는 다른 세계에 대한 대단히 사악한 향수병만 안겨 줄 뿐이다. 나는 나그네가 되어, 그것이 포함하는 모든 것을 받아들여야 한다. 나는 대지의 과업들, 대지의 아픔들, 대지의 기쁨들을 물리쳐선 안 된다. 나는 하나님의 언약 이행을 끈질기게 기다리되, 현실에 충실하면서 기다려야 한다. 하나님의 언약 이행을 기다리지 못하고 여러 바람과 꿈에 빠져 지내선 안 된다. 이 구절은 본향에 대해 한마디도 언급하지 않는다. 나는 이 대지가 본향이될 수 없음을 알지만, 이 대지가 하나님의 대지이며, 내가 이 세상에서 대지의 손님일 뿐 아니라 하나님의 순례자이자 길손이기도 하다는 것을 알고 있다.[시 39:12] 나는 이 세상에서 권한이 없고 불안정하며 불확실한 나그네일 뿐이나, 하나님께서 친히 나를 약하고 미천하게 하셨으므로, 그분은 내게 확고한 표지, 곧 그분의 말씀을 주셔서 나의 목적지를 향해 가도록하셨다. 그분은 이 비할 데 없이 확실한 것을 내게서 빼앗지않으시고, 이 말씀을 내가 지키게 하시며, 이 말씀에서 그분의능력을 알아채게 하실 것이다. 말씀이 내 집에 자리하면, 나는낯선 곳이라도 나의 길을, 부당한 일 속에서 나의 정당성을,활동 속에서 힘을, 고난 속에서 인내를 발견하게 될 것이다.

"주님의 계명을 나에게서 감추지 마십시오." 이것은 순례자가 낯선 땅에서 드리는 기도다. 하나님의 뜻과 부르심에따라 이 세상에서 이방인이 된 사람에게는 사실상 단 하나의생각만이 자리한다. 이를테면 장차 하나님의 뜻을 더는 알지못하게 되면 어쩌나, 하나님이 내게 무엇을 요구하시는지 더는 알지 못하게 되면 어쩌나 하며 깊이 근심하는 것이다. 과연 하나님은 우리의 개인적 처신이나 자기의 역사적 활동 속에서 때로 숨는 분이시다. 그렇다고 염려할 것은 아니다. 그러나 하나님의 선명한 계명이 우리에게서 흐려져, 우리가 그분의 말씀을 들으면서도 무엇을 해야 할지 더는 알지 못하게 된다면, 그것은 중대한 시련이 아닐 수 없다. 하나님의 계명을 즐거이 확신하는데도 다음과 같은 우려가 우리를 엄습해 온다. '어느 날 하나님이 내게서 그분의 계명을 감추려 하시면 어쩌지? 그러면 나는 허무에 빠지고, 첫걸음을 떼는 순간부터 넘어지며, 낯선 곳에서 망할 수밖에 없으리라.' 혹은 이러한 물음을 던져야 할지도 모른다. '내가 내 원칙의 뼈대에 의지하여 사는 바람에, 어느 날 하나님이 그분의 선명한 계명을 내게서 빼앗아 가시는데도 내가 그것을 더는 알아채지 못하는 게 아닐까?' 어쩌면 내가 종래와 같이 내 원칙에 충실해서, 하나님의 계명이 더는 나에게 자리하지 않는 것인지도 모른다. 하나님의 계명은 하나님이 오늘 나에게, 나의 오늘의 삶에 건네시는 인격적인 말씀이다. 하나님이 나에게 무엇을 바라시든 간에, 하나님의 계명은 오늘 이랬다, 내일 저랬다 하지 않는다. 하나님의 계명은 그 자체로 온전한 통일체다. 그러나 내가 하나님께 복종하느냐, 내 원칙을 따르느냐는 결정적인 차이를 만들어 낸다. 내가 내 원칙에 만족한다면, 나는 시편 기자의 기도를 이해하지 못할 것이다. 그러나 내가 하나님이 나에게 직접 길을 가리키시는 것을 받아들인다면, 나는 나에게 나타나거나 나타나기를 거부하는 은혜에 전적으로 매달릴 것이고, 그러면 하나님의 입에서 나오는 모든 말씀에 전율을 느낀 나머지 그다음의 말씀과 은혜 안에 거하는 데 온 마음을 쓰게 될 것이다. 이처럼 나는 나의 모든 길과 결의決意 가운데서도 은혜와 연결되어 있어, 어떤 거짓 안정도 하나님과 갖는 생생한 사귐을 나에게서 빼앗아 갈 수 없다.

"주님의 계명을 나에게서 감추지 마십시오"라는 외침은 하나님의 계명을 아는 자의 마음속에서 솟구치는 외침이다. 하나님이 그분의 계명을 우리에게 알려 주셨다는 것은 틀림없는 사실이다. 그러니 우리는 하나님의 뜻을 모른다는 듯이 발뺌할 수 없다. 하나님은 우리가 해결 불가능한 갈등 속에 살게 하지 않으시고, 우리의 삶이 윤리적 비극이 되지 않게 하시며, 우리에게 자기의 뜻을 알리시고 그 뜻의 이행을 요구하시며, 이 요구에 엇서는 자를 벌하신다. 여기서 상황은 우리가 원하는 것보다 훨씬 단순해진다. 우리가 하나님의 계명을 모르는 게 아니라, 우리가 하나님의 계명대로 하지 않는 불복종의 결과로 차츰차츰 제대로 알지 못하게 되는 것, 바로 이것이 우리의 곤경이다. 이 구절은 하나님이 그분의 계명을 우리에게서 감추신다고 말하지 않고, 그 계명을 감추지 말아 달라며 하나님께 은혜를 구한다. 설령 하나님이 자유로우시고 지혜로우셔서 그분의 계명의 은혜를 우리에게서 빼앗아 가시더라도, 우리는 체념치 않고 오히려 "주님의 계명을 나에게서 감추지 마십시오"라고 간절히 끊임없이 기도해야 한다.

20절: 내 영혼이 주님의 율례들을 늘 사모하다가 쇠약해졌습니다.

하나님의 율례를 사모함이 우리의 영혼보다 더 강력하다. 하나님의 말씀을 갈망하는 마음이 하나님으로부터 우리에게 찾아들면, 우리의 영혼은 압도되어 쇠약해진다. 무슨 일이 있어도 하나님의 율례를 알려고 하는 이 갈망은 영혼의 의지력이 아니다. 그것은 반대로 영혼의 죽음이다. 내 안에는 다양한 기호와 바람을 품은 영혼이 아니라, 다른 모든 것을 잠재우는 단 하나의 갈망, 곧 하나님의 말씀을 알기 원하는 갈망이 살고 있다. 내 영혼은 모든 생각, 모든 순간이 이 갈망으로 채워지는 것을 막지 못한다. 인간의 권리보다는 하나님의 권리를, 인간의 요구보다는 하나님의 요구를 듣고, 알고, 보는 동안, 영혼은 모든 것을 희생하지 않으면 안 된다. 하나님에 대한 이 갈망이 우리에게 찾아들면, 영혼이 괴로워하며 찌부러지고, 정교한 구성물이 으스러진다. 약속의 땅으로 순례를 떠나는 사람은 자기를 뒤덮는 먼지와 땀과 상처에는 아랑곳하지 않은 채, 오직 목적지만을 염두에 둔다.

하나님의 말씀에 대한 갈망은 영혼으로부터 비롯하는 것이 아니어서, 영혼의 만남이나 영혼의 진동과 달리 어떤 시간, 어떤 날 그냥 지나가 버리지 않는다. 사랑하는 사람에 대한 영혼의 갈망도 하나님의 말씀에 대한 갈망과 견줄 수 없다. 사랑하는 사람에 대한 갈망은 한동안이지만, 하나님의 말씀에 대한 갈망, 이 영혼을 으스러뜨리는 갈망은 "늘" 지속되기 때문이다. 그 갈망이 하나님으로부터 우리에게 다가들면 어찌할 도리가 없다. 그것은 불멸의 것임이 틀림없다. 그런 까닭에 그것은 갑작스런 흥분, 하나님의 말씀에 일회적으로 몰두하는 것과는 아무 상관이 없다. "늘"이라는 표현에서 그것이 명백해진다. 경건의 열기가 아니라, 끝까지 참고 기다리는 것이 하나님의 말씀에 대한 갈망의 특징이다.

그러므로 이 갈망을 종교적 감격과 혼동하는 것은 부적절하다. 오히려 이 갈망은 실로 여기서 언급한 갈망의 짐에 짓눌려 으스러짐을 경험하는 것이다. 이 갈망은 종교적 열광의 환희에 본질이 있는 것이 아니라, 인간의 부당한 권리가 승리하는 것이 보여도 하나님의 권리를 바라며 신뢰하고, 타향에서 본향을 잊지 않으며, 불행과 곤경과 죄과에 처해도 더는 하나님에게서 벗어나지 않으며, 오성과 경험이 하나님을 배척해도 그분을 찾으며, 모든 힘이 소진될 때 그분에게 호소하며, 하나님의 말씀이 우리의 삶을 힘차게 다스리면서 우리를 한순간도 놓아주지 않는 것을 경험하는 데 그 본질이 있다. 어쨌든 "늘"이라는 표현은 과장이 아닌 현실로서 이해될 수 있다.

21절: 주님께서는 오만한 자들을 책망하십니다. 그 저주받은 자들은 주님의 계명에서 이탈하는 자들입니다.

하나님은 오만한 자들, 자기만족에 빠져 하나님의 권리와 사람의 권리를 존중하지 않는 자들, 자비를 중시하지 않는 자들, 하나님의 말씀과 신자들을 경멸하는 자들을 미워하신다. 하나님 앞에서의 오만은 모든 불복종, 모든 폭력 행위, 모든 경박함의 뿌리다. 오만은 온갖 모반과 반란, 온갖 파괴의 원천이다. 그러나 이런 오만보다 더 무서운 위협이 있다. 오만한 자들이 도무지 이해하지 못하는 위협이다. 신자들은 복음을 그 위협으로 인식한다. "하나님께서는 교만한 자를 물리치시고, 겸손한 사람에게 은혜를 베푸십니다."벧전 5:5 하나님은 예수 그리스도의 십자가라는 한 단어 안에서 약자들과 겸손한 사람들과 함께하신다. 이는 오만한 자들에 대한 하나님의 위협이다. 오만하고 교만한 자들이 모든 사람에 대해 승리를 거두어도, 하나님께서 그들을 망하게 하실 것이다. 복음을 믿는 자들의 눈에는 하나님의 검이 이 세상에서 오만한 자들을 제압하는 게 보인다. 하나님의 말씀의 선포는 교만해진 인류에 대한 유일하고 진지한 위협이다. 하나님은 그 말씀에 그분의 능력의 징표를 부여하셨다. 이미 역사 한가운데 하나님의 위협이 여기저기서 이루어지고 있고, 공동체는 이 시대에 교만이 넘어져 망하는 것을 보고 놀라며 덜덜 떤다. 그러나 공동체는 바리새파적 확신에 물들지 않도록 조심하면서, 무죄한 자들도 교만한 자들과 함께 망하고, 믿는 자들에게도 하나님의 가시적 심판이 잠재적으로 비밀스럽게 남아 있음을 알지 않으면 안 된다. "그 저주받은 자들은 주님의 계명에서 이탈하는 자들입니다"라는 말씀이 하나님을 부인하는 자들에 대한 저주의 통고를 담고 있다는 것은 반대의 여지가 없는 분명한 사실이다. "이 율법 가운데 하나라도 실행하지 않는 자는 저주를 받는다."신 27:26 우리는 이 말씀을 진술하면서도 이 말씀이 우리를 겨냥한 것임을 알지 못하는가? 이 말씀이 다른 이들에게만 유효하고 우리에게는 유효하지 않다는 말인가? 하나님의 율법을 범하는 자에 대한 저주는 하나님의 권리이고 (…)."11

1. 눅 11:1.
2. 마 6:11("오늘 우리에게 일용할 양식을 주시고").
3. 마 6:9-13, 눅 11:24.
4. 테힐림(תהילים).
5. 시편.
6. 마 27:46과 막 15:34("나의 하나님, 나의 하나님, 어찌하여 나를 버리셨습니까?")은 시 22:1을 인용하고, 눅 23:46("아버지, 내 영혼을 아버지 손에 맡깁니다")은 시 31:5을 인용한다.
7. 마 5:17("내가 율법이나 예언자들의 말을 폐하러 온 줄로 생각하지 말아라. 폐하러 온 것이 아니라, 완성하러 왔다").
8. 요 4:34("나의 양식은, 나를 보내신 분의 뜻을 행하고, 그분의 일을 이루는 것이다").
9. "주님의 이름을 나의 백성에게 전하고, 예배드리는 회중 한가운데서 주님을 찬양하렵니다."
10. "그가 주님께 그토록 의지하였다면, 주님이 그를 구하여 주시겠지. 그의 주님이 그토록 그를 사랑하신다니, 주님이 그를 건져 주시겠지."
11. "나의 겉옷을 원수들이 나누어 가지고, 나의 속옷도 제비를 뽑아서 나누어 가집니다."
12. "하나님, 주님은 내 어리석음을 잘 알고 계시니, 내 죄를 주님 앞에서는 감출 수 없습니다."
13. "그러나 우리의 왕은 하나님을 기뻐하며, 하나님의 이름으로 맹세하는 사람들은 모두 왕을 칭송할 것이다. 그러나 거짓말을 하는 자들은 말문이 막힐 것이다."
14. 엡 5:2("그리스도께서 여러분을 사랑하셔서, 우리를 위하여 하나님 앞에 향기로운 예물과 제물로 자기 몸을 내어주신 것과 같이").
15. 시 44:25
16. 사 53:4, 마 8:17, 요 1:29.
17. 마 26:39, 막 14:36, 눅 22:42.

18.  마 27:46, 막 15:34.

19.  "내가 드릴 말씀은 이것입니다. '주님, 나에게 은혜를 베풀어 주셔서, 나를 고쳐
     주십시오. 내가 주님께 죄를 지었습니다.'"

20.  "하나님, 주님은 내 어리석음을 잘 알고 계시니, 내 죄를 주님 앞에서는 감출 수
     없습니다."

21.  독일 개신교 찬송가(EG) 350장 1절. 니콜라우스 루트비히 폰 친첸도르프
     (Nikolaus Ludwig von Zinzendorf)가 작사했다.

22.  "사랑하는 여러분, 여러분은 스스로 원수를 갚지 말고, 그 일은 하나님의 진노
     하심에 맡기십시오. 성경에도 기록하기를 원수 갚는 것은 내가 할 일이니, 내가
     갚겠다고 주님께서 말씀하신다 하였습니다."

23.  눅 23:34.


부록

1.   마르크시즘의 토대 위에서 혁명적 프롤레타리아 문화와 예술을 창출하고, 사회
     주의와 공산주의를 건설하는 일에 문화와 예술을 투입하려는 노력. 국가사회주
     의(나치) 시대에 1920년대의 조형 예술을 비방하기 위해 자주 사용된 슬로건
     이다.—옮긴이

2.   이 글은 본회퍼가 1932년에 쓴 글이다. 따라서 여기서 언급된 위령주일 전날은
     1932년 11월 19일이다. 독일 교회에서는 대림절 직전 주일을 위령주일로 지킨
     다.—옮긴이

3.   "제비"로 번역된 'Los'는 '한 구획의 토지'도 의미한다.—옮긴이

4.   저자 사역.

5.   저자 사역.

6.   저자 사역.

7.   저자 사역.

8.   눅 19:26, 마 25:29.—옮긴이

9.   요 15:11.—옮긴이

10.  마 5:12, 눅 6:23.—옮긴이

11.  여기서 시편 119편 묵상 원고가 갑자기 중단된다.

## 성구

《구약》

**창세기**
23:4 138
47:9 138

**출애굽기**
13:21-22 100
20:2 91
22:21 438
25:22 98
31:18 98
38:21 98

**레위기**
18:5 91

**민수기**
9:15 98

15:22 이하 120

**신명기**
4:6-10 91
6:12 131
6:20-25 89
7:7-11 91
7:18 90
8:16 98
27:9 93
27:26 147
33:3 91

**여호수아**
2:11 97

**사무엘상**
16:23 18

**사무엘하**
23:1 이하 19

**역대상**
25:2 23
29:15 138

**역대하**
32:31 114

**느헤미야**
9:34 98

**욥기**
23:12 123

**시편**
2편 35
2:11 126

**6편** 45

**7편** 46

**8편** 28

**9편** 46

**13편** 41

**14편** 45

**15편** 45

**16편** 46

**16:8 이하** 54

**17편** 46

**17:3** 47

**17:14** 54

**18:23** 47

**19편** 28, 29, 97, 107

**20편** 35

**21편** 49

**22편** 33

**22:8** 33

**22:18** 33

**23편** 49

**25편** 45

**26편** 46

**27편** 36

**28편** 49

**29편** 28

**31편** 45

**32편** 45

**34편** 54

**34:10** 94

**34:12** 94

**35편** 46

**36편** 49

**37** 44

**37:4** 94

**37:7** 96

**37:9** 97

**37:11** 97

**37:16** 39

**37:25** 94

**37:37** 94

**38편** 45

**38:9** 105

**39편** 45

**39:12** 140

**40편** 45

**41편** 45

**41:4** 48

**42편** 36

**43:1** 48

**44편** 46

**46편** 36

**48편** 36

**49:15** 54

**50편** 37, 112

**50:23** 38

**51편** 45

**52편** 49

**54편** 49

**55편** 49

**56편** 41

**56:13** 54

**58편** 49

**59편** 46

**61편** 41

**61:6 이하** 36

**63편** 36, 44

**63:3** 39

**63:11** 36

**65편** 40

**66편** 46

**68편** 46

**69편** 33, 46

**69:5** 34, 48

**70편** 49

**71편** 49

성경의
기도서—시편 개론

**72편** 35

**72:20** 22

**73편** 44, 46

**73:2** 54

**73:25 이하** 39

**74편** 41

**78편** 32

**79편** 41

**81편** 36

**84편** 36

**86편** 46

**87편** 36

**88편** 41

**90편** 54

**91편** 44

**96편** 54

**97편** 54

**98편** 54

**102편** 45

**103편** 40

**103:2** 131

**104편** 28

**105편** 41

**110편** 35, 54

**112편** 97

**118:14 이하** 54

**119편** 82-147

**119:1** 86-97

**119:2** 97-99

**119:3** 99-102

**119:4** 103-104

**119:5** 104-107

**119:6** 107-109

**119:8** 112-115

**119:9** 115-118

**119:10** 118-120

**119:11** 120-122

**119:12** 122-123

**119:13** 123-124

**119:14** 124-127

**119:15** 127-130

**119:16** 130-132

**119:17** 134-134

**119:18** 134-137

**119:19** 137-143

**119:20** 143-145

**119:21** 145-147

**121편** 44

**121:3** 100

**126편** 37

**130편** 45

**137편** 37

**145편** 45

**148** 54

**150편** 54

잠언

**21:25** 106

전도서

**11:9** 117

**12:1** 117

이사야

**49:14–15** 132

**62:5** 125

예레미야

**17:5** 108

**31:35–36** 107

**33:25–26** 107

스바냐

**3:17** 125

《외경》

집회서
18:2 117
40:1 65

《신약》

마태복음
5:5 97
13:44 125
17:23 127
19:22 127
25:34–40 79
28:8 126

마가복음
2:19 126
8:22 이하 136
10:29–30 96
10:46 이하 136

누가복음
2:10 126
2:49 37

8:11 이하 121
15:7 126
15:10 126
18:9 이하 111
19:6 126
22:35 39
24:41 126
24:44 20
24:52 126

요한복음
9:40–41 137
14:6 102
16:22 127
20:20 126

사도행전
2:30 이하 18
2:46–47 126
18:25–26 100
19:9 100
22:4 100
24:14 100

로마서
1:21 110
8:1 47
8:26 105
12:19 50

고린도전서
6:20 130
7:23 130
16:22 53

고린도후서
5:21 45

갈라디아서
1:8 이하 53

디모데전서
4:3 96
4:4 이하 29
6:8 95

디모데후서
2:8 131
2:22 117

**히브리서**

**2:12** 18

**3:7** 18

**10:5** 18

**11:9** 138

**13:9** 115

**베드로전서**

**4:17** 96

**5:5** 146

**요한1서**

**1:8–9** 102

**3:4** 102

**3:9** 102

**5:3** 30

**요한계시록**

**18장** 53

**19장** 53

**20:11** 53